Inhalt

1. Reise nach Schottland

Das kleine Mädchen rutschte unruhig auf seinem Platz in der Droschke hin und her. Endlich war die lange Reise zu Ende. „Bald kommen wir an", hatte die Mutter gesagt. Anna betrachtete neugierig die breite Straße mit den hohen Häusern, deren Giebel sich dicht aneinanderschmiegten. Dann hörte sie endlich den Satz, auf den sie so lange gewartet hatte. Mit den Worten „Jetzt kannst du aussteigen" hob Sarah von Weling ihr Kind vorsichtig aus der Kutsche. „Die lange Reise ist zu Ende. Du warst ein braves Kind. Jetzt lernst du meine Heimat kennen", lächelte sie ihr zu.

Die Reise war lang und anstrengend gewesen. Mit der Pferdekutsche, mit der Eisenbahn, ja sogar mit dem Dampfschiff waren sie gereist. Viel zu lange hatte die Vierjährige still sitzen müssen und es war ihr schwergefallen. Anna konnte sich nicht erinnern, wie oft es Nacht und wieder Morgen geworden war. Vor ihr lag nun das Land, von dem die Mutter ihr immer erzählt hatte. Zunächst fielen Anna nur die Häuser mit ihren dicken Steinmauern auf. Eine breite Straße. Große Häuser, ein riesiger Kirchturm, und wenn man die Straße hinunterblickte, leuchtete ganz unten das Meer im schönsten Blau. Alles war hier neu für Anna.

Montrose war eine kleine schottische Hafenstadt mit 13 000 Einwohnern. Der Handel hatte sie reich gemacht. Alle sprachen hier die Sprache ihrer Mutter. Zu Hause redete man anders. Doch auch diese Sprache war dem

5

Mädchen vertraut. So hatte die Mutter sie von klein auf in den Schlaf gesungen. Das besondere Verhältnis zwischen Mutter und Tochter wurde immer dann deutlich, wenn die Mutter nicht mehr deutsch sprach. Oft hatte sie ihrer Kleinen erzählt von dem kargen Land mit den grünen Hügeln, dem besonders blauen Meer und den schneebedeckten Bergen am Horizont.

Anna war in diesem Frühjahr 1841 vier Jahre alt geworden. Seither war viel passiert. „Mama, bist du hier nicht mehr traurig?", fragte das Mädchen einfühlsam.

Sarah von Weling musste lächeln. „Hier wirst du viel Neues erleben", wechselte sie das Thema. Wie sollte sie dem kleinen Mädchen erklären, dass man den Verlust des Ehemannes nicht einfach so vergessen konnte? Ferdinand Josef von Weling war ein liebevoller Mann und Vater gewesen. Im April hatten sie noch die Taufe ihrer kleinen Tochter in der evangelischen Kirche Neuwied gefeiert. Dann war alles ganz schnell gegangen. Keiner konnte sagen, woran der Familienvater gestorben war.

Nach der Beerdigung hatte Sarah von Weling beschlossen, für ein paar Wochen in ihre Heimat zu reisen. Ja, sie wollte den Schmerz vergessen und einen neuen Anfang wagen. Alles musste neu geordnet werden. Nun bin ich allein für mein kleines Mädchen verantwortlich, dachte sie und betrachtete das blonde Kind mit den dunklen, lebhaften Augen mit einem Blick, der ihre Entschlossenheit zum Ausdruck brachte. Ja, sie wollte Anna ihre ganze Liebe schenken. Sie sollte es gut haben. All ihre Kraft, ihr Wissen und ihre Gebete wollte sie für dieses Kind einsetzen. Gott würde ihr helfen, darum betete sie jeden Tag.

„Jetzt wirst du sehen, wo Mama als Kind gelebt hat", erklärte sie ihrer Tochter. „Komm, ich stelle dir Tante Shona vor. Bei ihr wohnen wir jetzt. Sie ist meine Schwester", mit diesen Worten zog sie das Mädchen zur Haustür. Während die Koffer aus der Kutsche geladen wurden, begrüßten sich Sarah und Shona herzlich und traten dann in die vornehme Eingangshalle. Lange hatten sie sich nicht gesehen. Sarah, geborene Man, war als junges Mädchen nach Deutschland gegangen. Als Tochter aus vornehmem Hause hatte sie dort eine gute Stelle als Hofdame und Erzieherin im Hochadel gefunden. Mit ihren Sprachkenntnissen und der guten Schulbildung fand sie in den besten Kreisen Aufnahme. Zunächst hatte ein reger Briefwechsel die Verbindung zwischen den Schwestern aufrechterhalten. Doch dann hatte Shona geheiratet und vier Kinder zur Welt gebracht. Sarah hatte wenig später auf dem Schloss in Wied ihren Ferdinand gefunden. Er war ein stattlicher Offizier gewesen, der später auch in den Dienst des Fürsten getreten war. Über seine jüdische Herkunft sprach sie nicht gerne. Sie war froh, dass er zum katholischen Glauben übergetreten war. Der Papst persönlich hatte ihm dafür den Adelstitel verliehen. Das Familienglück war nach wenigen Jahren durch die geheimnisvolle Krankheit zerbrochen.

„Wie freue ich mich, dich, Schwesterherz, wieder in die Arme zu schließen!" Shona strahlte übers ganze Gesicht. „Und das ist deine kleine Anna!" Ein prüfender Blick fiel auf das Mädchen. „Die muss man ja gern

7

haben, so ein süßes Mädchen!" Die Schwestern waren in großer Wiedersehensfreude schnell ins Gespräch vertieft. Anna schaute sich um. Die Frauen hatten sich hingesetzt und auch Anna einen Stuhl zugewiesen. Ihre kleinen Beine waren viel zu kurz, um den Erdboden zu erreichen. Sie hörte ihrer Mutter zu und betrachtete die Tante. Die Schwestern sahen sich ähnlich. Anna schaute auf die seltsam geschwungenen Möbel. Sie baumelte mit den Beinen. Ihr war langweilig. Leise rutschte sie vom Stuhl und ging auf Entdeckungsreise, ganz so, wie Vierjährige es tun. Sie fand den Weg in den Garten. Mama hatte recht gehabt: Hier war alles ganz besonders grün! Wunderschöne Blumen gab es hier.

„Wer bist du denn?", ertönte plötzlich eine Stimme.

Anna drehte sich um. Da stand er vor ihr. Er erschien Anna wie ein Bild aus ihren Träumen. Groß war er und er hatte ein freundliches Lächeln auf den Lippen. Seine blonden Locken hatte er ordentlich gekämmt und das weiße Hemd leuchtete im Sonnenschein. „Ich bin Anna", vor lauter Schreck hatte Anna vergessen, dass man hier nicht deutsch sprach.

„Und was machst du in unserem Garten?", fragte der Zehnjährige in seiner Muttersprache weiter.

„Ich schaue die Blumen an. Kannst du mir sagen, wie sie heißen?" Blitzschnell hatte Anna die Fassung wiedergefunden.

Tom kannte die Blumen. Er hatte auf alle Fragen eine Antwort und erklärte der Kleinen geduldig, was immer sie wissen wollte. Doch zunächst stellte er sich vor: „Ich heiße Tom und ich wohne hier."

8

„Ich wohne jetzt auch hier", setzte Anna schnell hinzu und fragte: „Ist Tante Shona deine Mutter?"

„Dann bist du meine Cousine aus Deutschland?", erfasste Tom den Zusammenhang. Mit so wenigen Worten begann eine Freundschaft, die für Anna weitreichende Folgen haben sollte.

Bald waren die Kinder unzertrennlich. Schon morgens am Frühstückstisch erwartete Anna ungeduldig ihren Tom. „Kannst du nicht heute zu Hause bleiben? Du musst mir noch erzählen, welche Schmetterlinge im Garten wohnen", bettelte sie.

„Das würde ich gerne machen", grinste Tom, der das kleine Mädchen vom ersten Moment an mochte, „aber zuerst muss ich in die Schule. Wer nichts lernt, bleibt dumm. Gleich nach dem Mittagessen habe ich wieder Zeit für dich!"

Die beiden verbrachten jede freie Minute miteinander. Anna konnte es kaum erwarten, dass Tom aus der Schule nach Hause kam. Manchmal spielte sie auch mit Toms großen Schwestern. Aber bei Tom fühlte sie sich am wohlsten. Der hatte bald bemerkt, dass das Mädchen ungewöhnlich viel wusste. Ihre lebhafte und freundliche Art zog ihn an. Obwohl sie gerade erst vier Jahre alt war, schätzte er es, sich mit ihr zu unterhalten. Das lag wohl daran, dass Sarah ihre Tochter täglich unterrichtete. Kein Tag verging ohne eine Schulstunde. Neben Deutsch und Englisch lehrte sie ihre Tochter die Geschichten aus der Bibel. Aber auch mit den Grundlagen der Naturkunde und mit den ersten Kinderbüchern machte sie Anna vertraut.

Tom liebte es, sich mit Anna zu unterhalten oder mit ihr die Umgebung zu entdecken. Sie konnten stundenlang am braunen Sandstrand von Montrose sitzen, den Wellen zuschauen und sich unterhalten. „Wenn ich groß bin, dann heirate ich Tom!", vertraute Anna ihrer Mutter schon nach wenigen Tagen beim Schlafengehen an.

„Da musst du aber noch warten, bis du erwachsen bist", erklärte die Mutter.

„Dauert das noch lange? Ich möchte für immer hier bei Tom bleiben", träumte das Mädchen.

„Bis dahin musst du noch viel wachsen und noch mehr lernen. Aber jetzt schläfst du erst mal", sagte Sarah und dachte: Wenn die Welt so einfach wäre. Wie Kinder sich doch das Leben so vorstellen. Noch weiß meine Kleine nicht, dass sie bestimmt noch viele nette Jungen kennenlernen wird. Ich werde dafür sorgen müssen, dass sie nicht auf den ersten Besten hereinfällt. Die Heirat unter Verwandten war nicht auszuschließen. Aber viel besser wäre es, wenn Anna an einem der Fürstenhöfe einen Adligen finden würde. Das wäre angemessen. Doch bis dahin war ja wirklich noch viel Zeit.

Tom machte sich im zarten Alter von zehn Jahren noch keine Gedanken über das Heiraten. Obwohl er so viel älter als Anna war, fühlte er sich zu diesem Mädchen hingezogen. Die Wochen vergingen wie im Flug. Jeden Sonntag ging die Familie gemeinsam in die große Kirche im Zentrum der Stadt. Anna erlebte die Gottesdienste der schottischen Kirche. Der Innenraum der Kirche war schlicht, so wie der Gottesdienst. John

Knox hatte im 16. Jahrhundert die Reformation nach Schottland gebracht. Die Predigt war lang und forderte viel Geduld von dem kleinen Mädchen. Für die Mutter war es wichtig, den Sonntag zu feiern und all die vielen sittlichen Gebote einzuhalten. Anna sollte das alles schon früh lernen.

Wenig später bekam Sarah von Weling Post. Man legte Wert auf ihre Anwesenheit als Hofdame am Fürstenhof zu Wied am Rhein. Sie war froh über diese gesellschaftliche Stellung. So konnte sie für ihre kleine Anna sorgen. Das bedeutete aber auch, dass man bald die Rückreise antreten musste. „Anna, wir müssen die Koffer packen. Bald gehen wir wieder auf Reisen", erklärte sie ihrer Tochter.

„Nein, Mama, ich möchte für immer hierbleiben. Ich kann doch nicht weg, ich will hier bei Tom bleiben", entrüstete sich das Mädchen.

Sarah von Weling musste viel Überzeugungskraft aufbringen, um ihr selbstbewusstes Kind für die Heimreise zu gewinnen. „Meine liebe Tochter, ich verspreche dir, dass wir wiederkommen. Auch ich bin doch gerne hier in meiner Heimat. Du wirst Tom wiedertreffen. Mach dir keine Sorgen. Wir gehen jetzt zurück nach Neuwied. Im nächsten Sommer kommen wir wieder", tröstete sie. „Außerdem habe ich eine Überraschung für dich: Du darfst mit aufs Schloss! Der Fürst hat erlaubt, dass du mit den Kindern dort unterrichtet wirst." Mit diesem Ausblick machte die Mutter Anna neugierig.

„Lerne ich dann auch ganz schnell richtig gut schreiben?", wollte sie wissen.

„Ja, du wirst mit den Kindern am Hof von den besten Lehrern unterrichtet."

„Oh ja, das will ich, dann kann ich Tom wenigstens schreiben", freute sich die Kleine.

Es zeigte sich, dass Anna schon in diesem Alter sehr genau wusste, was sie wollte. Sie pflegte tatsächlich die Verbindung zu Tom. Die Freundschaft zwischen den Kindern wurde durch die Trennungszeiten nicht schwächer. Auch Tom war sich bald sicher, dass Anna die Frau war, mit der er für immer zusammen sein wollte. Unzählige Briefe wurden zwischen Neuwied und Montrose verschickt. Eine zarte Liebe entwickelte sich.

Mutter und Tochter reisten in den folgenden Jahren noch oft nach Schottland. Anna war glücklich, wenn sie an Tom dachte. Sehnsüchtig erwartete sie die Post und noch mehr die nächste Reise nach Schottland. Sie übte sich im Schreiben und tauschte sich mit Tom über alles aus, was sie gelernt hatte. Trotz des Altersunterschiedes waren die beiden sich durchaus ebenbürtig. Niemand von den Erwachsenen wollte die Beziehung der Kinder so recht ernst nehmen. Aber Tom und Anna träumten von einer gemeinsamen Zukunft. Es war eine zarte, reine Kinderliebe, die sich mit den Jahren zu einer festen Verbindung entwickelte.

2. Am Fürstenhof

Komm, Anna, aufstehen. Wir wollen doch pünktlich sein." Liebevoll, aber konsequent holte Frau von Weling ihre Tochter aus dem Bett. Sie sorgte dafür, dass ihr Kind jeden Abend pünktlich um sieben Uhr ins Bett ging und ebenso konsequent morgens um sechs Uhr aus den Federn kam. Kalte Waschungen am Morgen und am Abend gehörten ebenso zur Erziehung wie eine peinlich genaue Ordnungsliebe. Strenge Regeln bestimmten das Leben am Fürstenhof in Neuwied. Bevor der Tag begann, las Sarah mit ihrer Tochter einen Abschnitt aus der Bibel. Sie betete mit ihr. „Wir müssen so leben, dass Gott Gefallen an uns hat", schärfte sie dem Mädchen ein. Anna sollte wissen, worauf es im Leben ankam. Sarah war ihrer Tochter dafür das beste Vorbild. Eisernes Pflichtgefühl zeichnete sie aus. Sie war nicht nur gegenüber Anna streng, sondern auch gegenüber sich selbst. Um anderen zu dienen, verzichtete sie fraglos auf Bequemlichkeit und Genuss. Gottesfurcht und Frömmigkeit bestimmten ihr Wesen. Das sollte auch Anna für immer prägen.

Anna hatte noch viel mehr zu lernen. Lesen, Schreiben, Rechnen gehörten dazu. Aber auch das richtige Benehmen bei Hofe. „Komm, Anna, lass es uns üben: Man geht mit erhobenem Kopf. Nimm die Schultern zurück und richte den Blick nach vorne. Du bist eine von Weling", mühte sich die Mutter. „Und jetzt lass uns noch einmal den Hofknicks üben. Der Rücken bleibt

dabei gerade, aber der Kopf wird ganz nach unten ge-
senkt." Die Haltung war wichtig. Es war nicht immer
einfach, denn Anna war ein lebhaftes Kind. Das Lernen fiel ihr leicht, aber nicht das Stillsitzen. „Haltung
bewahren!", hieß es immer wieder. Was von klein auf
eingeprägt wurde, das ging in Fleisch und Blut über. Sarah von Weling konnte sich mit ihrer Tochter bei Hofe
sehen lassen.

Groß war die Freude, als die Fürstin 1843 eine kleine Tochter zur Welt brachte. Elisabeth Pauline Ottilie
Luise zu Wied wurde bald Annas liebste Spielgefähr-
tin – und später Königin von Rumänien. Auch Elisabeth wurde ein Wirbelwind. Man nannte sie „die
wilde Rose von Wied". Das war so recht nach Annas
Geschmack. Man sagt, dass Elisabeth schon mit drei
Jahren lesen konnte. Auch in Fremdsprachen wurden
die beiden unterrichtet. Beide erwiesen sich auf diesem
Gebiet als äußerst begabt. Sie lernten Englisch, Franzö-
sisch und Italienisch. Auch Altgriechisch gehörte zu der
umfassenden Bildung am Hof.

Oft passierte es aber auch, dass die Mädchen durch
den Schlosshof tobten und ihre schönen Kleider
schmutzig machten. Dann hatte Frau von Weling mit
ihrer Zofe alle Hände voll zu tun, um alles wieder in
Ordnung zu bringen.

Anna und Elisabeth hatten viele gemeinsame Interessen.
Schon früh begannen sie, Geschichten und Gedichte zu
schreiben und sie sich gegenseitig vorzulesen. Durch Elisabeth bekam Anna auch Zugang zu den europäischen

Hochadelskreisen. Schloss Neuwied war weltoffen und oft kamen Gäste aus Frankreich, Italien oder England.

So schrieb Anna dieses erste überlieferte Gedicht:

Willkommen Weihnachten
Wenn der Frühling und des Sommers sonniger Tag
und die Früchte des Herbstes vergangen sind,
wenn der Winter seine eisige Hand
auf Tal und Hügel legt, auf See und Land,
wenn alles öde, kalt und tot ist,
die Armen nicht wissen, wo sie ihr Haupt hinlegen,
gibt es da keine Oase in der Weite der Wüste,
kein heiteres, grünes Fleckchen
im Leben der Menschen?

Ja, es gibt einen großen, einen glücklichen Tag,
schöner als aller Zauber des Mai.
Der Tag, wenn auf dieser sündigen Erde
Engel des Messias Geburt verkündigen.
Der Tag, wenn Christen Gottes Namen preisen
und kleine Kinder dasselbe lispeln.
Denn – obwohl die Schneedecke über dem Erdboden
ausgebreitet ist,
wollen wir freudig den Winter begrüßen;
Denn er birgt in sich einen größeren Schatz als alle
Annehmlichkeiten
der anderen Jahreszeiten.

3. Die große Enttäuschung

Anna wuchs heran. Mit ihrer Mutter hielt sie sich zur Brüdergemeine in Neuwied. Dort wurde sie auch konfirmiert.

Aus den Kindern waren junge Mädchen geworden. Gemeinsam überlegten sie, was ihr Leben einmal ausmachen sollte. „Ich werde Lehrerin", sagte Elisabeth.

„Aber das geht doch nicht. Du bist keine Bürgerliche", warf Anna ein.

„Wie soll ich denn sonst etwas Gutes in dieser Welt bewirken? All mein Wissen möchte ich gerne weitergeben", setzte Elisabeth entgegen.

„Ja, du hast recht. Es kommt darauf an, dass man für andere Menschen etwas tut. Es gibt so viel Elend in dieser Welt. Ich wünsche mir auch, dass ich helfen kann", pflichtete Anna ihr bei. Während Elisabeth davon träumte, nicht zu heiraten und sich lieber gesellschaftlich zu engagieren, war für Anna klar, dass sie an der Seite von Tom, in guter gesellschaftlicher Stellung, eine Familie gründen wollte. Sie wünschte sich viele Kinder.

„Anna, du siehst ja so blass aus. Was ist los mit dir? Bist du krank?" Elisabeth erkannte ihre Freundin kaum wieder. Während Anna sonst immer den Kopf voller Ideen hatte, saß sie heute mit geröteten Augen in einer dunklen Ecke der Bibliothek. „Wir wollten doch in den Rosengarten gehen. So komm doch endlich!", drängte Elisabeth.

Aber Anna schluchzte nur. Ihr Kummer schien so groß zu sein, dass nichts sie jetzt herauslocken konnte.

„Was ist passiert?", ließ die Freundin ihr keine Ruhe. „Tom … Tom …", schluchzte Anna.

„Du meinst deinen Tom, der dir immer diese romantischen Briefe schreibt? Ich bin fast ein wenig neidisch darauf. Was ist mit deinem Tom passiert?", fragte Elisabeth.

Anna hatte Mühe zu sprechen. „Mama sagt, er wird mir nicht mehr schreiben. Sie meint, dass er mich nicht heiraten kann. Er heiratet eine andere. Aber das kann nicht wahr sein. Er hat es mir versprochen. Ich heirate nur ihn. Ich werde ihm wieder schreiben. So geht das nicht. Wir hatten doch davon geträumt, dass wir zusammen fünf Kinder haben werden", quollen die Worte wie nach einem Dammbruch aus Anna heraus. „Mama hat gesagt, Tom soll eine Frau aus Schottland heiraten, das hat Tante Shona geschrieben", klagte Anna weiter.

Elisabeth setzte sich zu ihr: „Aber Anna, es gibt doch noch viele andere nette junge Männer. Irgendwann kommt der Richtige für dich. Vielleicht triffst du ihn hier auf dem Schloss. Wir haben schon bald wieder ein Fest geplant. Du bist eine hervorragende Tänzerin. Du kannst jedem Mann den Kopf verdrehen", versuchte sie zu trösten. „Erinnerst du dich an den Dunkelhaarigen mit dem schicken Schnauzbart? Der hat dich beim letzten Fest so oft zum Tanz aufgefordert. Du gefällst ihm und er kommt aus einer angesehenen Familie."

Aber alle Versuche, Anna auf neue Gedanken zu bringen, liefen ins Leere. „Du verstehst das nicht. Ich heirate entweder Tom oder gar nicht." Damit wischte sie alle Argumente vom Tisch. Weder Elisabeth noch ihre Mutter konnten sie davon abbringen.

In den folgenden Monaten zog sich Anna immer mehr von den Festen am Hof zurück. Sie vertiefte sich in christliche Schriften und in die Bibel. „Einen anderen Mann kann ich nicht lieben. Dann werde ich eben mein ganzes Herz auf Gott richten. Ich werde alles tun, um ein Leben zu führen, das dem Vater im Himmel gefällt. Ihm will ich meine ganze Liebe schenken", erklärte sie ihrer Mutter.

Die kannte ihre Tochter. Wenn Anna sich für etwas entschieden hatte, dann nützte es nichts, mit ihr zu reden. „Ich habe wohl keine Chance, sie für ein Leben mit einem anderen Mann zu gewinnen", musste sich ihre Mutter eingestehen.

Als Sarah von Weling Hofdame der Königin von Hannover wurde, zog Anna mit ihr nach Hannover. Sie wurde dort Hofdame der Prinzessin Therese von Sachsen-Altenburg. In dieser Zeit pflegte sie reiche Beziehungen zu verschiedenen Adelshäusern. Mit ihrer jugendlichen Anmut und dem klaren Verstand war sie in den fürstlichen Gesellschaften gern gesehen.

Ihre Jugendliebe musste sie für immer begraben. In ihren Gedichten und in ihren Romanen spielte die Liebe immer eine wichtige Rolle. Anna kannte ja den Schmerz und die Sehnsucht aus eigener Erfahrung. In jedem ihrer späteren Romane klangen die Herzensdinge an. Beim Schreiben konnte sie ihre Trauer in Worte fassen.

Träumen

Ich liege gern am Blumenbach
und träume süße Träume,
ich schlafe halb, und bin doch wach,
es lispeln mir zu die Bäume.

Gewiegt in meine Fantasie
so schöpf'risch schön und rein,
so wohl und wonnig wird mir's nie
im ganzen Leben sein.

Wie ist die Brust dann leicht und frei,
wie schlägt so hoch das Herz,
als ob ich gar ein Vöglein sei,
denn fremd ist jeder Schmerz.

Hinauf ins blaue Himmelszelt
kann ich mich dann erhöhn,
wie ist sie doch so kalt, die Welt,
wie ist das Träumen schön!
                    Neuwied, Mai 1852

4. Lebenswende

Geliebte Mama,
wie sehr wünschte ich, dass Du hier wärst. Ich erlebe
unglaubliche Dinge, mein Herz zerspringt fast vor Freu-
de und Aufregung. Nein, ich habe mich nicht verliebt,

jedenfalls nicht in einen Mann! Du bekommst heute einen langen Brief von mir, weil so viel passiert ist. Ich weiß, Du hättest mich gerne begleitet, wenn Deine Aufgaben am Königshof in Hannover es zuließen. Du hast mir Deine Heimat Schottland und die Menschen hier lieb gemacht. Seit meiner Kindheit genieße ich die Reisen hierher. Inzwischen habe auch ich einen großen Kreis von Verwandten und Freunden gefunden, bei denen ich gerne zu Gast bin.

Diesmal habe ich mich die längste Zeit in Edinburgh aufgehalten. Ich schätze das pulsierende Leben hier in der Stadt. Die großen Kirchen laden zu feierlichen Gottesdiensten ein und es gibt viele kulturelle Angebote. Aber dann zog es mich weiter. Bei meinem Besuch in Montrose traf ich Tante Shona. Seit die Kinder aus dem Haus sind, hat sie mehr Zeit, in der Kirche zu helfen. Ich hörte, dass Tom mit seiner Frau als Gouverneur nach Westindien gegangen ist. Er wird das Königreich dort trefflich vertreten. Mir gab es einen Stich ins Herz. Ich wäre so gerne an seiner Seite. Tante Shona hat mir erzählt, dass es meine Cousine Lea war, die unsere Verbindung durch ihre Intrigen zerstört hat. Tom habe erst von ihren Machenschaften erfahren, als er schon geheiratet hatte. Es tut mir immer noch weh.

Doch darum schreibe ich Dir nicht. Im Gegenteil. Ich habe etwas erlebt, was mein Leben von Grund auf verändert hat. Vielleicht musste das mit Tom so sein. Ich werde ihn in der Ewigkeit wiedersehen. Das weiß ich und ich weiß jetzt auch, was mein Leben in Zukunft ausfüllen wird. Ich habe es ganz Gott gegeben. Diese

Entscheidung habe ich schon damals getroffen, als mir wegen Tom fast das Herz brach. Ich habe mir immer viel Zeit genommen, um in der Bibel zu forschen und mein Leben untadelig zu führen. Doch nun hat sich alles geändert. Aus lauter Freude will ich Gott allein dienen! Wie soll ich es Dir erklären? Ja, Du hast mich von klein auf gelehrt, ein gottesfürchtiges Leben zu führen. Du hast mir Lesen und Schreiben beigebracht. Dass ich die Bibel sogar in der griechischen Sprache lesen kann, das habe ich Dir zu verdanken. Du bist die beste Mutter, die ich mir vorstellen kann. Du hast mich gelehrt, zu beten und den Sonntag zu halten, und mich in verschiedene Kirchen mitgenommen. Aber nun habe ich etwas erlebt, was all dieses Mühen um ein gottgefälliges Leben erst zur Erfüllung bringt. Doch der Reihe nach.

Zunächst muss ich Dir wohl erst erzählen, was hier in Schottland gerade in aller Munde ist. Schon in Edinburgh war es ein großes Gesprächsthema. Dort erzählten sich die Leute von einem gewissen Reginald Radcliffe. Er ist Rechtsanwalt und in Liverpool zu Hause. Schon als junger Mann kümmerte er sich um arme Kinder. Irgendwann begann er auf den Straßen zu predigen. Ich wollte nicht glauben, dass ihm die Menschen nachlaufen, um ihn zu hören. Wie kann so etwas sein? Es war auch nicht immer so. Man sagt, dass er zuerst mit Steinen beworfen wurde. Aber nichts hat ihn davon abgebracht, laut die Menschen anzusprechen und zu predigen. Seine Gegner versuchten sogar, ihn ins Gefängnis zu bringen. Doch man konnte ihm nichts anhängen. Ich habe mich gefragt, wie ein Mann, der es nicht studiert hat, so von

Gott reden kann. Mit meinen Freunden habe ich darüber gesprochen, ob es so etwas geben kann.

Als ich in Montrose war, hörte ich, dass eben dieser Radcliffe in Aberdeen sei. Wie Du weißt, studiert mein Vetter David gerade die Theologie. Er hat sich auch sehr für diese Sache interessiert. Aber zunächst wollte er sich lieber zurückhalten. Zusammen mit meiner Freundin Mary habe ich mich dann beraten. Du kannst Dir denken, dass wir uns dieses Ereignis nicht entgehen lassen wollten.

Dieser Radcliffe hat nicht beansprucht, in der Kirche zu predigen. Die Kanzel will er den ordinierten Pfarrern überlassen. Die Amtsträger hätten es ihm sicher auch nicht erlaubt. In Aberdeen hat er zunächst nur die Kinder angesprochen. In kurzen Reden sprach er von der Verlorenheit und von Gott. Die Kinder waren so berührt, dass sie weinten und mehr wissen wollten. Später erlaubte man ihm, in der Albion-Street-Kirche die Kinder anzusprechen. Die Eltern hörten von der Empore aus zu. Als er dann auch die Sonntagsschullehrerinnen eingeladen hat, da hielt es Mary und mich nicht mehr zu Hause. Wir beschlossen, ihn mit unseren eigenen Ohren zu hören.

Du kannst mir glauben, Mama, ich war sehr skeptisch. Als er zu sprechen begann, klang es zunächst so, als würde er nach Worten suchen. Ich fühlte mich in meinen Vorbehalten bestätigt. Dann schwieg er sogar für eine kurze Zeit. Es war ihm anzusehen, dass er im Gebet mit Gott rang. Plötzlich floss ein Strom von Worten aus seinem Mund. Ich hatte so etwas noch nie gehört. Er sprach von der Liebe Gottes. Er selbst habe diese Liebe niemals verdient. Aber wenn er von Jesus spricht, dann sieht er nur noch die Liebe Gottes, ja ein ganzes Meer voller Liebe. Seine Ansprache war kurz, kaum fünfzehn Minuten. Aber er hatte mein Herz getroffen. Und nicht nur meines. Nach dem Schlussgebet bot er an, in die Sakristei zu kommen. „Ich will es dir persönlich zusprechen, dass diese Liebe Gottes größer ist als alle deine Sünden. Wir können sie niemals verdienen, aber Jesus ist zu unserer Rettung da. Du kannst jetzt ein neues Leben beginnen und wiedergeboren werden", rief er in die Menge. Mama, Du wirst es nicht glauben, aber der Platz in der Sakristei reichte nicht aus. Es waren wohl 120 Frauen, die sich drängten, genau diese Botschaft für sich zu hören. Auch ich war dabei. Seither ist mein Herz so froh, so frei.

Ja, es ist wirklich so. Ich habe ein neues Leben geschenkt bekommen, bin wiedergeboren. Ich habe keinen anderen Wunsch mehr, als Gott mit allen Fasern meines Lebens zu dienen. Ach, ich wünschte so sehr, dass Du hier wärst. Dann könntest Du das auch erleben. Ich habe mir inzwischen noch viele Erlebnisse mit Radcliffe erzählen lassen. Kannst Du Dich entsinnen, wie oft wir uns mit Vetter David und seinem Vater unterhalten haben? Wir waren uns einig, dass die Gegend um Aberdeen wie ein totes Meer ist, wenn es um den Glauben geht. Nun kommen hier die Menschen scharenweise zum Glauben. Radcliffe spricht zwei oder drei Mal am Tag und an den Sonntagen sogar fünf Mal. Immer ist die Kirche voll. Immer kommen Menschen, um ein neues Leben aus der Liebe Gottes zu beginnen.

Radcliffe selbst ist ein bescheidener, ja, soll ich sagen, ein unauffälliger Mann? Er macht nicht viel Aufhebens um sich. Aber er ist ein Mann des Gebetes. Er hat überall Briefe hingesandt, weil er Menschen sucht, die seine Arbeit im Gebet unterstützen. Ich habe begonnen, gemeinsam mit Mary und David für ihn zu beten. Es kann diesem Land nichts Besseres passieren. Menschen kehren um zu Gott. Diebe hören auf zu stehlen. Ausgestoßene Frauen erfahren die Liebe Gottes und kehren um. Ja, selbst die Fabrikarbeiter, diese harten Männer, brechen in Tränen aus und bekennen ihre Sünden. Es gäbe so viel zu erzählen. Wenn ich zurückkomme, hole ich das nach.

Liebe Mama, ich hoffe, dass es Dir gut geht und Deine Aufgaben in Hannover Dir nicht zu schwer werden. Ich bete und frage Gott, wo er mich gebrauchen will. Mein Wunsch ist es, vielen Kindern von dieser Liebe Gottes zu sagen. Da ich keine eigenen Kinder haben werde, will ich mich um andere kümmern. Gerade die Kinder der Ärmsten brauchen unsere Zuwendung.

Hier bin ich fleißig in der Sonntagsschule tätig. Aber ich überlege, wie ich noch mehr Gutes für diese Welt tun kann. Ich habe von einem Doktor Comandi in Florenz gelesen. Er sammelt Kinder von der Straße auf und gibt ihnen ein Zuhause. So Gott will, möchte ich dorthin reisen und seine Arbeit sehen. Doch zunächst möchte ich nach Mildmay reisen. Dort treffen sich jedes Jahr Tausende von Christen aus verschiedenen Ländern. Auch Theologen aus Deutschland sollen dabei sein. Ich bin gespannt darauf. Seit zwei Jahren gibt es diese Kon-

ferenz schon. Es kommen immer mehr. Christen, egal welcher Konfession, suchen die geistliche Einheit. Aus diesem Einssein heraus wächst wahre Erweckung und neuer Aufbruch des Glaubens. Heiligung und Mission stehen im Mittelpunkt der Verkündigung, unter der sich die unterschiedlichsten Christen vereinen. Selbst Radcliffe nimmt an dieser Konferenz teil, um von anderen Christen zu lernen. Eine der Lehren ist, dass der Heilige Geist in einem jeden Christenmenschen wohnt. So empfinde ich es jetzt auch. Gottes Geist wohnt in mir und er hat sicher Großes mit mir vor. Mach Dir keine Sorgen, Mama. Ich werde alles prüfen und nur das Gute behalten.

Für William Pennefather, den Leiter der Konferenz, sind alle Teilnehmer persönliche Gäste. Das Bibelwort „Einer ist euer Meister, ihr aber seid alle Brüder!" ist sein Leitwort für die riesige Konferenz. Das will ich unbedingt erleben. Es bringt die wahrhaft Wiedergeborenen zusammen. Ich kann mir gut vorstellen, dass diese Einheit der Christen der richtige Weg ist, um Gottes Wirken in dieser Welt voranzubringen. Ich bin ganz gespannt. Eine derartige Glaubenskonferenz habe ich noch nicht erlebt. Wenn es mich so auferbaut wie die Predigten von Radcliffe, dann kann es mir nur guttun.

So grüße ich Dich herzlich aus dem fernen Edinburgh
Deine Tochter Anna Thekla

In meines Herzens Grunde
schaue ich oft hinab,
denn dort hab ich gegraben
ein tiefes, stilles Grab.

Die Jugend und die Heimat,
sie liegen dort vereint;
hab an dem Grabe manchmal
gebetet und geweint.

Gebetet, um Erhörung
in dieser bittren Pein.
Geweint, weil mir die Antwort
schien gar so fern zu sein.

Einst trat ein lichter Engel
an jenes Grabes Rand
und sprach: „Du Kind der Erde,
mir ist dein Weh bekannt;

doch seh ich deine Torheit,
die das verloren glaubt,
was nur vorangegangen,
nicht ewig dir geraubt:

Die Jugend und die Heimat
findst du auf Erden nicht,
drum hebe deine Augen
zu einem bessren Licht.

Die Jugend harret deiner,
wo nimmer sie vergeht,
und deine ewge Heimat
über den Sternen steht."

So sprach der holde Engel
mit liebevollem Blick,
und aufwärts zeigend ließ er
getröstet mich zurück.

In meines Herzens Grunde
schau ich noch oft hinab,
doch liegt nur ird'sche Jugend
in jenem stillen Grab.

Nur ird'scher Heimat pflanzt ich
dort den Erinn'rungsstein,
mein wahres Glück – mein Leben
harrt über Sternen mein!

              Edinburgh 1858, A. v. W.

5. Die Söhne des Schusters

Anna schaute aus dem Fenster. Es war eine großzügige Wohngegend. Ihre Mutter hatte gut gewählt. Nun sollte ihr neues Zuhause also in Bonn sein. „Hier wird es uns gut gehen", tröstete Anna ihre Mutter, die doch etwas wehmütig an die Zeit am Königshof in Hannover zurückdachte. Doch mit fast sechzig Jahren machte ihr das Alter nun zunehmend zu schaffen und die vielen Feste bei Hofe strengten sie an. Sarah von Weling hatte es wieder zurück an den Rhein gezogen. Die beiden Frauen machten manchen Spaziergang an seinen schönen, grünen Ufern. Dabei kamen sie schnell ins Schwärmen. „Was für eine romantische Gegend! Ich glaube, Bonn ist das rheinische Athen. Hier findet man wunderbare alte Gebäude, Kultur und den ruhig dahinströmenden Fluss. Ist er nicht beeindruckend, der Vater Rhein?", freute sich Anna.

Oft setzte sie sich mit ihrem Schreibblock ans Ufer und schrieb Gedichte oder Geschichten. Hier in der friedlichen Natur flossen ihre Gedanken mit dem Wasser dahin und sie schrieb angeregt Zeile um Zeile. Besonders liebte sie den Ausblick von ihrem Arbeitszimmer im ersten Stock über die Dächer bis hin zur grünen Landschaft am Rhein. Die Sonne brachte die frohen Farben der Natur zum Leuchten. Manchmal wölbte sich ein Regenbogen über die weite Landschaft. Dann staunte Anna über das Zusammenspiel und die Vielfalt der Farben.

Bald schon fand sie in Bonn Freunde, mit denen sie sich über Literatur und Geschichte austauschen konnte. Es gab sogar private Kreise, die sich mit der Bibel beschäftigten. Dazu lockte die Universitätsstadt mit ihren vielfältigen kulturellen Angeboten. Anna fühlte sich wohl in Bonn.

Eines Tages läutete es an der Haustür. Anna öffnete und vor ihr standen zwei etwa fünfjährige Jungen. „Wer seid ihr denn?", fragte sie die schüchternen Kinder, die sich an der Hand hielten.

„Wir bringen Ihre Schuhe vom Schuster zurück. Unser Vater hat die Sohlen wieder neu aufgezogen. Hier sind die Schuhe und die Rechnung. Vater meint, es wäre gut, wenn Sie uns gleich bezahlen würden", sagte der eine von ihnen etwas unsicher.

Annas Augen wanderten zwischen den beiden kleinen Personen hin und her. Die Jungen glichen sich wie ein Ei dem anderen. Sie trugen für die kühlen Frühlingstage viel zu dünne Jacken. Ihre schmutzigen Mützen hatten sie abgenommen und hielten sie verschämt in den Händen. Anna musste lächeln. Wie viele solche kleine Jungen hatte sie in Florenz im Kinderheim betreut! Sie wollte genauer wissen, was es mit diesem seltsamen Paar auf sich hatte. „Wie heißt ihr denn?", fragte sie behutsam, denn die Kleinen machten doch einen etwas verschreckten Eindruck.

„Ich bin Heinrich, das ist Friedrich", war die Antwort.

„Wollt ihr nicht hereinkommen?", fragte sie.

Wieder war es Heinrich, der das Wort ergriff: „Nein, nein, Vater hat gesagt, dass wir gleich wieder nach

Hause kommen sollen … und wir sollen Sie nicht belästigen." Die Jungen wurden anscheinend gut erzogen.

Anna hatte Gott schon seit einiger Zeit gebeten, ihr zu zeigen, wie sie ihm in Bonn dienen könnte. Diese kleinen Jungen könnten die Antwort sein. Sie mochte diese kleinen Kerle vom ersten Augenblick an. Mütterliche Gefühle erwachten in ihr. „Aber nein, ihr belästigt mich nicht. Ich möchte mich mit euch unterhalten. Kommt doch herein und setzt euch in die Küche, bis ich das Geld für die Schuhe geholt habe."

Mit großen Augen sahen sich die Kinder beim Betreten des Hauses um. Gehorsam nahm jeder auf einem Küchenstuhl Platz. Sie hatten ein wenig Mühe damit, dass die Stühle nicht dicht beieinanderstanden. So konnten sie sich gar nicht bei der Hand halten. Mit eingezogenen Köpfen saßen sie da und warteten.

Doch Anna wusste, wie man mit Kindern umging. Sie war erst vor einigen Wochen aus Florenz zurückgekehrt. Dort hatte sie fast ein Jahr lang im Waisenhaus von Dr. Comandi mitgearbeitet und viel gelernt. Der fromme Mann sammelte die Kinder von der Straße und versuchte, ihnen ein Zuhause zu geben. Anna hatte nicht nur die italienische Sprache noch besser gelernt. Sie hatte auch viel mit Dr. Giuseppe Comandi gesprochen. Sie schätzte ihn wegen seines Glaubens. In ganzer Abhängigkeit von Gott hatte er dieses Werk der Nächstenliebe aufgebaut. So wusste Anna nun auch, was kleine Jungen mochten.

Auf dem Herd stand noch ein Topf mit heißer Schokolade. „Mögt ihr Schokolade zum Aufwärmen?", fragte Anna jetzt die Zwillinge.

Die beiden trauten sich nicht zu antworten. So bekam jeder eine kleine Tasse gefüllt. Gerade so, als ob das warme Getränk die gefrorene Zunge lösen könnte, entspann sich bald ein eifriges Gespräch. Anna wollte wissen, warum die Kleinen für ihren Vater die Schuhe auslieferten. Wie sich herausstellte, waren die Zwillinge noch keine fünf Jahre alt.

„Unser Vater muss viel arbeiten", erklärte Heinrich, der eher den Mund aufmachte. „Unsere Mutter ist krank und kann nicht aufstehen. Vater versucht etwas Geld für einen Arzt übrig zu behalten. Doch so viel haben wir nicht. Wir haben noch vier Geschwister. Ein großer Bruder geht schon zur Schule. Die anderen sind noch kleiner als wir", erzählte Heinrich.

„Was ist das für ein Getränk?", fragte Friedrich.

„Kakao oder Schokolade. Schmeckt es dir?", fragte Anna zurück. Sie hatte nicht damit gerechnet, dass sich die Familie der Kinder keine heiße Schokolade leisten konnte. Der Vater der Zwillinge hatte offensichtlich Mühe, genügend Geld zu verdienen, um seine große Familie zu ernähren. Es reichte wohl nur für das Allernötigste. Die Kinder mussten die Schuhe an die Kunden ausliefern, damit er in seiner Werkstatt weiterarbeiten konnte. Wahrscheinlich hoffte der Vater auch, dass seine Kundschaft dann gleich bezahlte, wenn die Kinder vor der Tür standen. Jeder Pfennig wurde sicher dringend gebraucht. „Jetzt bringt eurem Vater seinen Lohn für die Schuhe", mit diesen Worten schickte Anna die Kinder auf den Heimweg.

In den folgenden Wochen brachte sie öfters einmal

Schuhe zum Schuster Zeising. Die Not der Familie ließ ihr keine Ruhe. Gott hatte ihr die Zwillinge aufs Herz gelegt. Sie lud sie immer wieder zu sich ein. In den Gesprächen merkte sie bald, dass diese Kinder einen wachen Geist hatten.

Eines Tages im August wartete Anna vergeblich auf ihre kleinen Gäste. Sie besuchten inzwischen die Schule und Anna half ihnen oft beim Lernen. Als die Kinder zur vereinbarten Zeit nicht klingelten, machte sich Anna auf den Weg zur Schusterwerkstatt. Sie fand ihre schlimmsten Befürchtungen bestätigt: Nach der langen, schweren Krankheit war die Mutter der Zwillinge von Gott heimgerufen worden. Für die arme Frau war das sicher eine Erlösung, hatte sie doch sehr gelitten. Doch für die sechs Kinder war der Verlust unerträglich. Sie weinten und konnten keinen Trost annehmen. Der Vater war nun wohl frei von der Sorge um seine Frau. Doch wer sollte sich um die Kinder kümmern? Auch wenn die Mutter nur noch im Bett gelegen hatte, so konnten die Kinder doch mit ihr sprechen und sie hatte manche Anweisung geben können. Nun waren sie Waisenkinder geworden.

Anna sah die Not. Wie gerne hätte sie geholfen! Doch ihre Mittel waren begrenzt. Sie konnte nicht für sechs Kinder sorgen. Aber die Zwillinge waren ihr ans Herz gewachsen. Mit Vater Zeising vereinbarte sie, von nun an als Pflegemutter für Heinrich und Fritz zu sorgen. Sie sah es als Gottes Auftrag an. „Liebe Kinder, der Heiland ist ein Vater der Waisen. Darum will ich die Aufgabe annehmen und anstelle eurer Mutter für euch sorgen", versprach sie den beiden Jungen. Von nun an kamen sie täglich zu Anna. Auch Annas Mutter freute sich, dass die Kinder Leben und Aufgaben ins Haus brachten, hatte sie doch am Hof immer mit Kindern zu tun gehabt.

6. Eine Frau namens Hans Tharau

Ich mache mir Sorgen, Anna", meinte Sarah von Weling eines Tages zu ihrer Tochter. „Noch haben wir ein kleines Vermögen von ein paar Tausend Talern. Aber meine Leibrente ist so gering, dass wir auf Dauer nicht davon leben können."

„Aber Mama", tröstete sie Anna, „ich werde schon dafür sorgen, dass wir genug zum Leben haben."

„Wie stellst du dir das vor? Hier wirst du nicht so schnell eine Stellung als Lehrerin finden", zweifelte die Mutter.

Doch Anna hatte schon weitergedacht. Sie zeigte ihrer Mutter eine Zeitschrift und versuchte, ihre Bedenken zu zerstreuen: „Schau doch. Wir lesen doch beide so gerne diese illustrierte Wochenschrift. Ich habe den Verleger von ‚Daheim' angeschrieben. Er ist bereit, Geschichten und vielleicht sogar einen Fortsetzungsroman von mir zu drucken."

Sarah von Weling war überrascht. „Meinst du wirklich, dass man dir dafür einen rechten Lohn zahlen wird?", fragte sie.

„Wir werden sehen", entgegnete Anna. Sie wusste, dass sie ihre Mutter nicht mit guten Worten überzeugen konnte. Schon in der kommenden Woche würde sie mehr wissen. Die Zeitschrift „Daheim" war gerade erst begründet worden. Anna wusste von dem Bielefelder Verleger August Klasing, dass er sich berufen fühlte, eine Zeitschrift herauszugeben, die auf christlichen Anschauungen beruhte. Innerhalb der evangelischen Kirche gab es die Innere Mission, die sich bemühte, das soziale Elend zu lindern. Diese Kreise waren davon überzeugt, dass die Entfremdung von Kirche und Glauben einen moralischen Verfall mit sich brachte, der sich auch in äußerer Not zeigte. Mit rettender Liebe wollte man den Bedürftigen Hilfe und Heil bringen.

Das war ganz in Annas Sinn. Als sie hörte, dass Beiträge für eine Zeitschrift gesucht wurden, die dieses Ziel verfolgte, suchte sie den Kontakt zu August Klasing. Der erklärte Anna, dass es in seiner Zeitschrift nicht um erbauliche Texte gehen solle, aber das Gründungskomitee wollte bewusst einen Gegenpol zu der liberalen Zeitschrift „Die Gartenlaube" setzen. „Verehrtes Fräulein von Weling, unsere Zeitschrift ‚Daheim' soll ein Blatt für die deutsche Familie sein. Wir suchen belletristische, aber nicht pietistische Inhalte", hatte er ihr geschrieben. Das kam Anna sehr entgegen. Sie hatte ja von Kind auf Geschichten und Gedichte verfasst.

„Mama, hast du schon die neue ‚Daheim' gelesen?", fragte Anna. Ihre Mutter saß in letzter Zeit gerne im großen Sessel am Fenster. Sie liebte es zu lesen. Darum hatten die beiden Frauen sofort die neue Zeitschrift bestellt.

„Ja, Anna, ich habe angefangen. Es stehen wunderbare Geschichten drin. Hast du von der Familie mit den sechs Kindern gelesen?"

„Ja, und ich bin froh, dass es so eine Zeitschrift gibt, in der man lesen kann, wie gut es ist, ein christliches Leben zu führen. Hast du auch die Reisebeschreibung von den Schweizer Bergen gelesen?", fragte Anna.

„Dieser Hans Tharau versteht es hervorragend, die Beschreibung der wunderbaren Berge mit Bildern des Glaubens zu verknüpfen. Das hat mir sehr gut gefallen", fand die Mutter.

Anna rückte einen Stuhl neben den Sessel ihrer Mutter. „Wenn dir das so gut gefällt, dann gefällt es sicher den anderen Lesern auch. Und wenn das so ist, dann ist unser Lebensunterhalt bald gesichert", erklärte sie mit einem Strahlen im Gesicht.

Die Mutter verstand nicht. „Wieso? Was hat die Beschreibung der Berge mit uns zu tun?" Sie schaute Anna fragend an.

Nun musste die Tochter herausrücken. „Ich wollte es dir nicht erzählen, so lange ich nicht wusste, wie es ausging. Aber ich habe an ‚Daheim' eine ganze Reihe von Novellen und Reisegeschichten geschickt. Herr Klasing, der Herausgeber, und Robert König, der Redakteur, waren begeistert. Sie wollen alles drucken, und ich soll noch mehr schreiben. Wir haben an einen Fortsetzungsroman gedacht. Vor allem wollen sie mir meine Arbeit gut bezahlen. Wenn ein positives Echo von den Lesern kommt, dann wollen sie mir 36 Reichsmark für jede Seite zahlen. Davon können wir gut leben." Jetzt war es heraus.

Es war Anna schwergefallen, etwas vor ihrer Mutter zu verheimlichen. Umso mehr freute sie sich, dass sie jetzt mit für den Lebensunterhalt sorgen konnte. Nun musste sie nur noch erklären, warum ihr Name nicht unter der Veröffentlichung stand: „Das habe ich mit dem Verleger so abgemacht. Er fand meine Texte hervorragend. Aber er war sich sicher, dass man einer Frau so etwas nicht zutraut. Manche Männer würden es gar nicht erst lesen, wenn der Name einer Frau darunter stehe, meinte Herr Klasing. Darum haben wir uns darauf geeinigt, dass ich als Schriftsteller Hans Tharau heiße. Die meisten Leser werden nie erfahren, wer Hans Tharau wirklich ist. Wichtig ist doch nur, dass sie lesen, was ich geschrieben habe. Ich habe in jede Geschichte etwas von meinem Glauben, von meinen Moralvorstellungen oder von meiner Sicht Gottes eingebaut. Es ist unglaublich, wie viele Menschen das lesen werden! Die Auflage beträgt 24 000, und es werden noch mehr Leser dazukommen!", begeisterte sich Anna.

In den nächsten Jahren erschienen noch viele Geschichten, ja ganze Serien von ihr in der Zeitschrift.

Später wurden ihre Erzählungen in Büchern veröffentlicht. Unter dem Pseudonym Hans Tharau erschienen über 20 Bücher mit Erzählungen und Romanen von ihr. Hinzu kamen zahlreiche Übersetzungen von Büchern und Liedern.

Hans Tharau, „Die ewigen Berge"

7. Im Lazarett

Albert rollte mit den Augen. „Schon wieder so eine feine Dame!", flüsterte er seinem Bettnachbarn Heinz zu.

Der stöhnte nur müde: „Das hatten wir doch schon."

„Wollen wir wetten? Die kommt nur einmal. Ich setze drei zu eins."

„Diese Wette gewinnst du. Von den noblen Fräuleins hat es noch keine lange hier ausgehalten", entgegnete Heinz, um seine Aufmerksamkeit dann doch der jungen Frau zuzuwenden, die vom Stabsarzt durch das Lazarett geführt wurde. Sie war jung, blond und ihr Gesicht trug entschlossene, aber dabei freundliche Züge.

„Die sollte sich lieber um ihre eigenen Kinder kümmern. So eine junge Frau gehört in ihre Familie", zischten der etwas ältere Wilhelm dazwischen. Eigentlich lag er den ganzen Tag teilnahmslos in seinem Bett und versuchte, trotz seiner Schmerzen nicht zu stöhnen. Er hatte nur ein paar Gesprächsfetzen aufgefangen und sich dann doch aufzusetzen versucht, um am Geschehen teilzuhaben. Der ungewohnte Anblick ließ ihn für einen Moment die schmerzende Wunde am Oberschenkel vergessen.

„Ob sie gar keinen Mann hat? Sie ist doch ganz ansehnlich", dachte Albert laut weiter. Er und Heinz gehörten zu den wenigen, die mit wachen Augen das Geschehen im Krankensaal wahrnahmen. In diesem Haus wurde gelitten, gestöhnt und gestorben.

Die Husarenkaserne in Bonn war kurzfristig zum Lazarett gemacht worden. Napoleon III. hatte am 19. Juli 1870, von Bismarck herausgefordert, dem Norddeutschen Bund den Krieg erklärt. Das war der Beginn des Deutsch-Französischen Krieges. Unter der Führung des Königs von Preußen war bald die gesamte deutsche Heereskraft gegen den Nachbarn im Westen angetreten. Die französische Berufsarmee war trotz der monatelangen politischen Spannungen nicht genug auf diesen Krieg vorbereitet gewesen. Aber auch im deutschen Heer gab es viele Verwundete. Im Lazarett in der Husarenkaserne in Bonn lagen die Verletzten der Schlacht um Metz.

Wie hatte das deutsche Volk gejubelt, als Bismarck auf dem Reichstag die französische Kriegserklärung verlesen hatte. Schick hatten die jungen Männer in ihren Uniformen ausgesehen und stolz waren sie in den Krieg gezogen. Nun waren sie um einige Erfahrungen reicher. Obwohl die Armee des Prinzen Friedrich Karl von Preußen und des Generalfeldmarschalls von Manteuffel nicht von der französischen Rheinarmee besiegt werden konnte, waren doch viele ihrer Kameraden gefallen. 40000 gefallene Soldaten würde man am Ende des Krieges auf deutscher Seite zählen, mehr als 130000 auf französischer Seite. Noch größer würde die Zahl der Verwundeten sein. Die Männer hier im Bonner Lazarett kamen direkt von der Front, hatten Kriegsgeschrei, Kanonendonner und Nahkampf erlebt. Tote und Verwundete hatten sie gesehen. Wer nicht gleich auf dem Schlachtfeld starb, der wurde zurück in die Heimat gebracht. Güterwagen-Krankenhaus nannte man die Eisenbahnzüge, in denen die Verwundeten transportiert wurden. Es war eine Tortur. Doch die Hospitäler der Städte waren bald überfüllt. Es mangelte an Ärzten und Pflegepersonal. Als Folge wurden daher Lazarette provisorisch in Kasernen untergebracht. Entsprechend lückenhaft war die Ausstattung. Darum waren diese Pflegeeinrichtungen gefürchtet. Mancher tapfere Soldat versuchte der Pflege in der Kaserne zu entkommen. Doch wohin?

Hier also wollte Anna helfen. Sie war im Frühjahr 33 Jahre alt geworden und lebte seit zehn Jahren mit ihrer Mutter in Bonn. Von der Welt hatte sie schon viel gesehen. Aber eine Kaserne betrat sie zum ersten Mal. Und dann gleich das Lazarett der „Welschnonnenkaserne"! Als sich die Tür zum Bettensaal öffnete, hielt sie die Luft an. Bisher hatte sie nie einen Bogen um die Nöte ihrer Umgebung gemacht, aber so viel Elend auf geringstem Raum! Der Geruch von Blut, Schweiß, Eiter und Urin stieg ihr in die Nase. Die meisten der Männer lagen teilnahmslos auf ihrem Bett. Manche stöhnten vor Schmerzen oder wälzten sich im Fieberwahn. Gelegentlich war auch ein Fluch zu hören. „Haltung bewahren", diesen Satz hatte ihre Mutter ihr von klein auf eingeprägt. So kam es, dass Anna auch beim Anblick von so viel Bedürftigkeit nicht mit der Wimper zuckte. Stabsarzt Kummer beobachtete sie genau. Würde diese junge Frau tatsächlich hier mit anfassen können?

Anna hatte sich sehr engagiert bei ihm vorgestellt. Sie hatte hohe Ziele. Sie habe sich schon viel mit Krankenpflege beschäftigt und könne gut zufassen. Das hatten ihm schon viele Frauen versichert. Aber bisher gab es nicht viele, die tatsächlich im Lazarett zu gebrauchen waren. Einige hatten sich bereit erklärt, für Sauberkeit und Ordnung zu sorgen. Neuerdings hörte man immer wieder von Wissenschaftlern, die Sauberkeit als Voraussetzung für die Heilung forderten. Aber wer sollte das in Kriegszeiten durchsetzen?

Die geballte Menge von Männern und Wunden konnten viele Frauen nicht verkraften, am wenigsten die aus gutem Hause. Zu denen gehörte diese junge Dame ganz sicher. Sie war edel gekleidet, aber nicht pompös. Die meisten dieser Frauen waren nicht wiedergekommen. Zum Glück gab es einige, die sich um die Wäsche kümmerten und die Fußböden in Ordnung hielten. Andere hatten sich dann doch darauf beschränkt, ab und zu eine Lebensmittelspende zu senden. Auch in der Küche wurde Hilfe gebraucht. So war Dr. Kummer froh über jede helfende Hand. Eigentlich hatten Frauen ja nichts in der Kaserne zu suchen. Aber hier musste er seine Meinung zurückhalten und die Hilfe für die ihm Anvertrauten an die erste Stelle setzen.

Das Fräulein Anna Thekla von Weling hatte er mit scharfem Blick gemustert. Sie hatte ihm gleich gesagt, dass sie nicht für Reinigungsarbeiten gekommen sei, sondern in der Pflege helfen wolle. Offensichtlich wusste sie, was sie wollte. Nun beobachtete er, wie sie die ersten Schritte in den Krankensaal tat.

Anna war sich dessen bewusst. Wenn sie den Doktor jetzt nicht überzeugte, dann würde man sie nicht hier arbeiten lassen. Sie hatte ihm klar und deutlich gesagt, dass es ihre christliche Pflicht sei zu helfen. Für diese Männer, die im Kampf für das Vaterland ihr Leben eingesetzt hatten, wollte sie all ihr Wissen und ihre Kraft einsetzen, um ihnen zur Genesung zu verhelfen. Mit dem Misstrauen der Männer musste sie rechnen. Aber sie würde es ihnen beweisen. Noch etwas aufrechter als sonst schritt sie an der Seite des Arztes durch die Krankensäle und ließ sich erklären, wie die Pflege hier organisiert war. Sie fragte nach der Art der Verletzungen und der verordneten Behandlung. Zumindest theoretisch schien sie doch einiges zu wissen, staunte der Militärarzt im Stillen.

Verbände mussten gewechselt, Medikamente ausgeteilt, Fieber gekühlt, Flüssigkeit verabreicht werden. Leichte Arbeit war das nicht. Es war auch nicht besonders appetitlich, sich auf so viel Leid und gequälte Körper einzulassen. Aber der Gedanke, dass es zu schwer sei, passte nicht zu Anna. Was sie für richtig erkannt hatte, das zog sie durch. Beim Rundgang sah sie sich bestätigt: Es war ihre Christenpflicht, diesen armen, leidenden Männern zu dienen. „Sie können auf mich zählen. Am Montag um 7 Uhr bin ich hier. Teilen Sie mich zum Dienst ein", sagte sie und reichte Dr. Kummer die Hand.

Dann eilte sie nach Hause. Dort lag ihre alte Mutter im Krankenbett. Sie war in den letzten Wochen immer schwächer geworden. Anna ließ sie nicht gerne lange allein. Aber die beiden Frauen waren sich einig: Jetzt war Annas Einsatz im Lazarett gefragt. Anna hatte alles so organisiert, dass ihre geliebte Mutter für ein paar Stunden täglich allein sein konnte.

Obwohl sie viel und gerne reiste, blieb Anna nun lieber in Bonn, um für ihre Mutter da zu sein. Durch den frühen Tod ihres Vaters – er war ja gestorben, als Anna gerade vier Jahre alt war – hatte sie sich umso enger an ihre Mutter angeschlossen. Vom Vater wurde selten gesprochen. Anna hätte zu gerne gewusst, wie ihre Eltern sich kennengelernt hatten. Er musste ganz anders gewesen sein als ihre Mutter. Anna erinnerte sich nur noch an seine schwarzen, glänzenden Haare und die lebhaften Augen. Ihre dunklen Augenbrauen hatte sie wohl von ihm geerbt und auch das lebhafte Temperament, so sagte man jedenfalls. Er war ein Offizier und später Geschäftsmann gewesen. Aber ihre Mutter mochte nicht viel über diese Zeit sprechen. Viel lieber erzählte sie Anna von ihrer schottischen Heimat.

Auch an diesem Abend erinnerte sich die alte Dame wieder an die vergangenen Zeiten. „Weißt du noch, wie das Leben in Edinburgh pulsiert? Wie schön die schottische Landschaft ist mit ihren wunderbaren grünen Hügeln? Mit dem braunen Sandstrand und den Fischerhäuschen? Je älter ich werde, umso mehr muss ich an meine Heimat denken", schwärmte die alte Dame. Sie hielt zwar noch immer einen regen Briefwechsel mit der schottischen Verwandtschaft aufrecht, doch Anna bemerkte, wie ihr das Schreiben immer schwerer fiel.

„Ja, Mama, auch ich war immer gerne mit dir in Schottland. Schon als kleines Mädchen hast du mich mit deiner Heimat bekannt gemacht und ich bin dir dankbar dafür, dass du mir so den Blick für die große weite Welt geöffnet hast", sagte Anna. Auch ihr Herz begann schneller zu schlagen, wenn sie an Schottland dachte. Das grüne Land im Norden der Insel hatte immer eine wichtige Rolle gespielt. Dort hatte sie die größte Freude und die tiefste Verletzung erfahren.

Nachdem sie mit der Mutter zu Abend gegessen hatte, half sie ihr liebevoll beim Zubettgehen. Dann setzte sich Anna noch einmal an ihren Schreibtisch. Sie hatte noch zu tun. Mit feiner Schrift reihten sich die Worte aufs Papier. Wieder entstand eine Erzählung, die von einem Soldaten handelte, der in den Krieg gezogen war. Anna beschrieb seine Sehnsucht und seine Liebe zu seiner Frau, die zu Hause auf ihn wartete. Ob die Beziehung der langen Trennung standhalten würde? In ihren Geschichten konnte Anna ihre unerfüllten Träume von Liebe und Treue aufleben lassen. In der Zeitschrift „Daheim" wurden regelmäßig Fortsetzungsromane von Hans Tharau abgedruckt. Anna konnte die Geschichten von Liebe, Sehnsucht und heiler Welt so gut schreiben, dass besonders Familien und auch die Männer im Krieg sie gerne lasen, weil sie ihr Herz anrührten.

Erst spät löschte Anna ihre Lampe. Wie jeden Abend tat sie es nicht, ohne noch einen Abschnitt aus ihrer Bibel zu lesen. Diesmal folgte ein besonders langes Gebet. Sie hatte es sich zur Gewohnheit gemacht, jeden Abend im Gespräch mit ihrem Heiland den Tag abzuschließen. Wer sonst konnte den Männern helfen, die mit so schweren Wunden im Lazarett lagen? Und sie würde auch viel Weisheit brauchen, um ihre Aufgaben gut zu erfüllen. Aber sie war überzeugt, das Richtige zu tun. „Und gib Mama erträgliche Gesundheit. Du siehst, wie sie immer schwächer wird. Steh du ihr im Alter bei." Dieser Satz gehörte zu ihren täglichen Gebeten, war die Mutter doch der Mensch, der ihr am nächsten stand.

Anna kniete am Bett von Wilhelm. Als sie den Verband löste, erschrak sie. Die Hälfte des Oberschenkels war von einem Geschoss aufgerissen worden. Bis auf den Knochen war das Fleisch zerfetzt. Eine riesige klaffende Wunde, die eiterte und stank. Wilhelm konnte sich nur noch mühsam erheben. Was musste dieser Mann für Schmerzen aushalten! Sie schaute ihm ins Gesicht.

Wilhelm wich ihrem Blick aus. Es machte ihm Mühe, vor einer jungen Frau seine Schwäche zu zeigen.

„Sie müssen ja furchtbare Schmerzen haben", sagte Anna sorgenvoll.

„Das halte ich jetzt schon drei Wochen aus und Sie werden mir auch nicht helfen können!", presste der Mann die knappen Worte durch die Lippen. Er wollte seine Ruhe haben. Die Schmerzen waren schlimm genug. Noch schlimmer war der Gedanke an die Zukunft. Wie sollte er jemals wieder laufen können, mit diesem kaputten Bein? Da nutzten ihm auch keine gefühlvollen Worte!

Anna legte geschickt einen neuen Verband an. Sie musste unbedingt Dr. Kummer fragen, was aus Wilhelm werden sollte. Dann ging sie ans nächste Bett. Der Soldat fieberte. Waren es die schrecklichen Bilder, die er gesehen hatte, oder hatte das Fieber ihm den Verstand genommen? Er wälzte sich stöhnend und manchmal auch schreiend im Bett.

Anna holte kaltes Wasser und legte ihm ein kühles Tuch auf die Stirn. Sie redete ihm gut zu, streichelte seinen Arm. Im Stillen sprach sie ein Gebet für ihn. Es dauerte lange, bis er endlich ruhiger wurde. Wer sollte nur all die Arbeit hier machen? Sie konnte sich ja immer nur um einen der Männer kümmern. Es gab wenig geschultes Pflegepersonal. Im Lazarett arbeiteten einige Soldaten, die nach ihrer Verwundung für den Einsatz im Feld nicht mehr tauglich waren. Sie gaben sich redlich Mühe, aber sie hatten keine Ahnung von Krankenpflege. Kein Wunder, dass sie nur die Handgriffe ausführten, die ihnen gezeigt worden waren. Aber auch dafür reichte die Zeit kaum.

„Man müsste Zeit haben für die Kranken, um mit ihnen zu sprechen", dachte Anna laut.

Dr. Kummer war gerade ins Zimmer getreten. „Wir sind hier kein Kloster. Wenn Sie sich um die Gefühle der Männer kümmern wollen, dann sind Sie hier falsch", warf er barsch ein.

„Ja, Sie haben recht", gab Anna überlegt zur Antwort. „Dennoch werde ich mich nicht mit allem abfinden. Man könnte manches anders organisieren", redete sie weiter. Sie war ein wenig über sich selbst erschrocken. Obwohl sie kein Arzt war, sah sie doch, dass die medizinische Behandlung oft dem widersprach, was sie gelesen und gelernt hatte.

„Soso, die junge Dame weiß es also besser", fauchte

Dr. Kummer zurück, „das wird ja immer besser. Jetzt will sie mir schon sagen, was zu tun ist!"

Anna ließ sich nicht aus der Fassung bringen. „Herr Doktor, selbstverständlich bewundere ich Ihr medizinisches Wissen. Bitte glauben Sie mir, es geht mir nur um die Genesung der Verwundeten. Sie sollen doch bald wieder in den Krieg ziehen können. Ich erlaube mir, Ihnen einen Vorschlag zu unterbreiten. Zuwendung und Anteilnahme scheinen mir beinahe so wichtig wie gute Hygiene. Dafür will ich mir ab jetzt mehr Zeit nehmen. Und ich werde weitere Helfer mitbringen. Hier ist jeder gefragt, der die kleinste Handreichung tun kann", fuhr sie bestimmt fort.

Der Arzt wandte sich kopfschüttelnd ab. Morgen war ein Operationstag angesetzt. Man hätte auch von einem Großkampftag sprechen können. Chloroform stand schon bereit. Hoffentlich klappte es mit der Betäubung. Nach der Operation hatten die Kranken viel durchzustehen. Operation, das bedeutete meist, dass gleich ein ganzer Körperteil entfernt wurde. Wenn man feststellte, dass der Wundbrand nicht einzudämmen war, so war eine Amputation immer noch das Sicherste, um wenigstens das Leben zu retten.

Anna hatte zunächst nur mit der Versorgung der Amputierten zu tun. Sie brachte ihnen Wasser. Wenn sie mit starken Schmerzen im Bett lagen, gab sie ihnen Milchbrei, damit sie wieder zu Kräften kamen.

Und sie sprach mit ihnen. „Als ich hier eingeliefert wurde, da dachte ich noch, dass ich das Lazarett ertrage, weil ich hier geheilt werde. Aber jetzt bin ich Invalide. Was soll ich jetzt noch?", vertraute ihr einer von ihnen an. Den meisten anderen ging es nicht besser. „Jetzt werde ich nie wieder arbeiten können. Wie soll ich nur meine Familie ernähren? Soll ich für immer auf andere angewiesen sein, ein Krüppel?", fragte einer der Amputierten bitter. „Soll ich jetzt betteln gehen? Wenn es gut läuft, wird mich meine Familie im letzten Winkel des Hauses aufbewahren und irgendwie durchbringen. Ich werde ihnen eine Last sein", sagte ein anderer. Nicht nur die Krankenzimmer waren wenig ausgeleuchtet – die ganze Zukunft erschien gleichermaßen düster. Anna versuchte mit guter Laune und kleinen Späßen die Stimmung aufzuhellen. Doch sie wusste, dass das nicht ausreiche.

Viele konnten sich nicht darüber freuen, dass ihnen die Operation das Leben gerettet hatte. Es waren furchtbare Minuten, wenn der Arzt die Wunden ansah, um zu entscheiden, ob amputiert werden musste oder nicht. Anna schaute zunächst nur zu. Sollte sie den Stabsarzt schon wieder kritisieren? Warum konnte man nicht länger abwarten und es mit pflanzlichen Heilmitteln versuchen? Hier nahm man sich keine Zeit. Wenn die Wunden nicht durch Verbinden und Ruhe heilten, dann wurde eben amputiert. Von den Britischen Inseln hatte Anna von ganz anderen Behandlungsarten gehört. Schon seit vierzig Jahren ließ sich das britische Königshaus erfolgreich von Homöopathen behandeln. Anna hatte alle Bücher dazu studiert und die homöopathische Zeitschrift gehörte zu ihrer regelmäßigen Lektüre. Besonders interessierte sie sich schon immer für die Anwendung von Kräutern und Pflanzen aus der Umgebung. Schon als Kind hatte sie in ihrer Heimatstadt Neuwied Dr. Hartlaub kennengelernt. Als homöopathischer Arzt hatte er der Familie oft geholfen. Anna maßte sich nicht an, die ganze Medizin zu beherrschen. Doch die Anwendung von Naturheilmitteln hatte sie immer bevorzugt. Beinwell und Ringelblume sollten bei solchen Verletzungen helfen. Und allein mit Wasser konnte man manche Wunden sauber halten und die Heilung fördern. Anna vertraute auf die Wirkung von Wasserumschlägen. Sollte sie den Stabsarzt danach fragen? Oder sollte sie lieber froh sein, dass man sie in den Krankenzimmern gewähren ließ?

8. Der Riese

Die Situation spitzte sich zu, als es um Eduard Burkhardt ging. Dieser große, junge Mann hatte es Anna vom ersten Tag an angetan. Als Sohn eines armen Tagelöhners hatte er sich freiwillig für den Kriegsdienst beim Berliner Garderegiment gemeldet. Eigentlich war er viel zu jung dafür gewesen. Doch er wollte für sein Vaterland kämpfen. In der Schlacht von Mars-la-Tour wurde er schon wenige Wochen nach Kriegsbeginn schwer verwundet. Viel Blut war dort geflossen. Eduard Burkhardt hatte nicht nur einige kleinere Verletzungen davongetragen. Probleme machte ihm ein schwerer

Schuss am Oberarm. Anna gefiel seine Einstellung zum Vaterland und sie schätzte die Gespräche mit ihm. Obwohl er keine höhere Schule besucht hatte, wusste er klug zu antworten und zeigte Interesse für Bildung und Weltpolitik.

Auch bei Burkhardt wusste der Stabsarzt keine andere Lösung, als umgehend den Arm abzunehmen. Das ging für Anna zu weit. Was sollte aus dem jungen Mann werden? Ohne den rechten Arm wäre er für immer Invalide und benachteiligt. Hatte er es wegen seiner sozialen Herkunft nicht schon schwer genug im Leben? Vor dem nächsten Operationstag stellte sie sich dem Stabsarzt in den Weg. „Herr Oberstleutnant Kummer, ich protestiere! Nein, das lasse ich nicht zu! Der Gefreite Burkhardt darf nicht amputiert werden!", sagte sie mit der ihr eigenen festen Stimme.

„Fräulein von Weling! Was erlauben Sie sich! Sie haben keine Befugnis, in die ärztlichen Anordnungen einzugreifen!", kam die Antwort in schneidendem Befehlston. „Was bilden Sie sich ein? Ich habe Ihnen freie Hand gelassen. Sie können hier in jedes Krankenzimmer gehen. Sie bringen sogar Helfer mit. Mag sein, dass Sie viel von der Pflege verstehen. Aber den ärztlichen Befund können Sie nicht beurteilen. Ich verbitte mir solche Einmischungen!"

Anna wurde schlagartig klar, dass hier Befehlsgewalt gegen weibliche Intuition stand. Im Ernstfall hatte der Arzt zu bestimmen. Das war für sie aber kein Grund aufzugeben. „Herr Doktor, nun habe ich schon so viele amputierte Männer gesehen. Geben Sie mir doch *ein*

Mal die Chance, etwas anderes auszuprobieren", verlegte sie sich aufs Bitten.

„Und was soll das bitte sein? Meinen Sie, Sie wüssten mehr als ein studierter Mediziner?", fragte Kummer spitz.

„Ich habe am Fürstenhof in Neuwied und in Schottland immer wieder gelernt, wie Wasser und Kräuter zur Heilung eingesetzt werden können. Lassen Sie es mich versuchen", bat Anna selbstbewusst.

„Das ist die schlimmste Art von Quacksalberei. Jeder, der Medizin studiert hat, weiß das. Und das soll in meinem Lazarett geschehen? Eindeutig: nein", war Kummers klare Antwort.

Er hatte jedoch nicht mit Annas Hartnäckigkeit gerechnet. Als auch der Patient selbst sich gegen die Operation verwehrte, suchte Anna wieder den Stabsarzt auf.

Schließlich willigte Kummer ein, allerdings nicht, ohne mit seinen Kollegen Rücksprache zu nehmen. Am Morgen des Operationstages ließ er Anna kommen. „Sie sollen Ihren Willen haben. Ich überlasse Ihnen den Gefreiten Burkhardt. Versuchen Sie es mit Ihrer Quacksalberei. Aber eines sage ich Ihnen: Sie tragen die Verantwortung, wenn der Patient stirbt. Es sieht alles danach aus, dass der Wundbrand sich ausbreitet und den Mann schon bald am ganzen Körper schwächen wird. Ich werde Sie zur Verantwortung ziehen, wenn er nicht gesund wird!", sagte der Arzt.

Anna traute ihren Ohren nicht. Das war ihre Chance! „Ja, wirklich? Ich fange sofort an. Ich muss in die

Stadt und Kräuter besorgen. Außerdem brauche ich sauberes Leinen und klares Wasser." Annas Gedanken überschlugen sich. Aber sie hatte sich schon so oft überlegt, was helfen könnte, dass sie nun schnell wusste, was zu tun war. Zuerst lief sie ins Zimmer ihres „Riesen", so nannte sie den jungen Mann, den sie in ihr Herz geschlossen hatte. „Es geht los, es geht los!" Bei diesen Worten strahlte sie über das ganze Gesicht.

Eduard bekam zunächst Angst. Sollte nun doch amputiert werden? Aber warum war Fräulein von Weling so fröhlich?

Schnell erklärte sie ihm, dass sie ihn nun nach ihren eigenen Erkenntnissen behandeln durfte. Statt mit einem festen Verband wurde die klaffende Wunde nun mit Umschlägen und Wasser behandelt. Zunächst schien sich nichts zu ändern. Die Wunde war groß und tief und Eduard bekam sogar leichtes Fieber. Anna bestürmte Gott in ihren Gebeten, dass er ihr helfen solle. Ihr war klar, dass das Leben eines Menschen zuletzt in Gottes Hand lag. Wie froh war sie, als sich nach einer Woche erste Anzeichen von Besserung einstellten. Selbst Dr. Kummer musste nach zwei Wochen zugeben, dass Anna Erfolg hatte. Eduard Burkhardt war glücklich. Bald schon konnte er seinen Arm wieder bewegen. Daran hatte er lange nicht mehr geglaubt. Das hatte er Anna von Weling zu verdanken.

Er sollte nicht der Einzige sein, der durch Annas Wissen vor einer Amputation bewahrt wurde. Viele Verwundete sah sie in das Lazarett kommen. Manche wurden gesund und zogen wieder hinaus in die Schlacht.

Andere konnten nicht mehr kämpfen und wurden nach Hause entlassen. Etliche starben. Aber noch nach Jahrzehnten erreichten Anna Dankesbriefe von Verwundeten, die sie im Lazarett gepflegt hatte. Mit einer Auszeichnung der Königin wurde ihr aufopferungsvoller Einsatz auch offiziell gewürdigt. Anna wusste: Ohne das Wissen um Gottes heilendes Wirken wäre ihr die Arbeit womöglich zu schwer geworden.

Eduard Burkhardt jedoch, ihren „Riesen", konnte sie nicht so einfach ziehen lassen. Was sollte aus diesem fähigen jungen Mann werden? Seine Eltern besaßen nichts, um ihm eine Ausbildung zu ermöglichen. Sollte er wie sie als Tagelöhner sein Leben fristen? Er war so ein stattlicher Bursche! Anna machte sich Gedanken. Gott hatte Eduard so viele Gaben geschenkt. Jetzt kam es darauf an, dass sie auch entfaltet wurden. Kurzerhand entschied sie, ihm eine Ausbildung auf der Ackerbauschule in Kleve zu ermöglichen. Weil er dort so hervorragend abschloss, schickte sie ihn gleich anschließend auf die landwirtschaftliche Hochschule in Jena.

Aus dem Sohn eines Tagelöhners wurde so ein akademisch gebildeter Landwirt, der über Jahre große Rittergüter bewirtschaftete. Anna verstand sich blendend mit ihm. Er blieb immer „ihr Riese". Nur eines konnte sie ihm nicht vermitteln: Der christliche Glaube spielte im Leben von Eduard Burkhardt niemals die gleiche Rolle wie für Anna.

9. Abschied von der Mutter

Mit dem Ende des Krieges änderte sich auch für Anna vieles. Im Mai wurden die letzten Verwundeten aus dem Lazarett entlassen. Sie war froh, dass sie Eduard Burkhardt die Ausbildung ermöglichen konnte. Die Verbindung zu diesem jungen Mann wollte sie auf jeden Fall aufrechterhalten. Kurz vor Kriegsende waren die Zwillinge Heinrich und Fritz Zeising konfirmiert worden. Ein Wort aus dem Philipperbrief sollte sie begleiten: „Was wahrhaftig ist, was gerecht, was keusch, was erhaben, was lieblich, was wohl lautet, dem denket nach", diesen Satz sprach der Pfarrer ihnen als Segen zu. Anna hoffte und betete dafür, dass sich Fritz und Heinrich von diesem Wort ihr Leben lang leiten ließen.

Mit der Konfirmation endete ihre Schulzeit. Der Vater der Kinder legte Wert darauf, dass sie schnell einen Beruf erlernten. Er brauchte ihre Unterstützung. So kamen sie in der nahe gelegenen Bürstenfabrik unter. Nach der Arbeit klopften sie manches Mal an Annas Tür und schütteten ihr das Herz aus. Es fiel ihnen schwer, in der rauen Welt der Fabrikarbeiter zu leben. Sie waren viel zu sensibel und hatten von Anna und von ihrem Vater ganz andere Umgangsweisen gelernt. „Nein, ich möchte nicht jeden Tag dorthin gehen. Die Männer fluchen und ich habe noch nie so schmutzige Witze gehört. Warum sind die Menschen in der Fabrik so?", fragte Fritz.

Heinrich ergänzte: „Ich möchte ja gerne ein wenig

Geld verdienen, um unseren Vater zu unterstützen. Aber gibt es keine andere Arbeit? Mich stören der Schmutz und der Lärm der Maschinen nicht. Aber wie kann man nur so gottlos leben? Manche Männer riechen jeden Tag nach Alkohol. Wenn Zahltag ist, gehen sie mit dem ganzen Geld ins Wirtshaus."

Anna hätte den beiden gerne eine bessere Ausbildung vermittelt. Aber das hätte Geld gekostet. Doch die Familie Zeising brauchte Geld. Es galt, die kleinen Geschwister mit zu ernähren, da Vater Zeisings Kräfte nachließen.

In den Monaten zuvor hatte sich zudem schon angedeutet, dass Annas Mutter immer schwächer wurde. Nachdem Anna viele Soldaten gepflegt hatte, begleitete sie nun mit all ihrem Wissen ihre Mutter. Sie rückte ihren Schreibtisch in die Nähe des Krankenbettes, um der alten Dame jeden Wunsch von den Augen abzulesen. „Fräulein von Weling, machen Sie sich darauf gefasst, dass Ihre Mutter sich von dieser Schwäche nicht mehr erholt", hatte der Arzt gesagt. Anna wollte ihre Mutter auf der letzten Wegstrecke nicht alleinlassen. Wie froh war sie, dass sie nicht nur die Pflege kannte, sondern auch Gottes Wort. Wie in der Kindheit begann sie auch jetzt jeden Tag damit, dass sie ihrer Mutter einen Abschnitt aus der Bibel vorlas.

Der Gedanke an den Abschied von ihrer Mutter wurde Anna verständlicherweise sehr schwer. Sie hatte mit keinem anderen Menschen so vertraut zusammengelebt. „Mama, wie gut, dass wir wissen: Wir sehen uns dort in der ewigen Herrlichkeit wieder. Ich habe schon so oft gelesen, was Johannes in der Offenbarung darüber schreibt. Stell dir vor, dann wirst du keine Schmerzen mehr haben! Es wird uns allen viel besser gehen. Dort wird endgültig vereint sein, was auf Erden schmerzhaft getrennt wurde." So blickten Mutter und Tochter in eine Zukunft, die sie mit ihrem Verstand noch nicht begreifen konnten. Auch in diesen letzten Wochen ihres irdischen Lebens blieb die ehemalige Hofdame ihrem Wesen von Strenge und Pflichterfüllung treu. Ihre innere Einstellung „Haltung bewahren" machte Anna die Pflege leicht.

Als Sarah von Weling friedlich eingeschlafen war, organisierte Anna alles für die Beerdigung. Die Gedächtnisrede hielt Dekan Albrecht Wolters. Er war Pfarrer in Bonn und lehrte auch an der Universität. Anna hatte sich in den Bonner Jahren gute Kontakte dorthin aufgebaut. Immer wieder suchte sie das Gespräch mit Dozenten über den Glauben.

Vor einigen Jahren war Theodor Christlieb an die theologische Fakultät gekommen. Er war Professor für Praktische Theologie. Anna schätzte ihn sehr. Zuerst waren ihr seine eindrucksvollen Predigten aufgefallen. Dann lernte sie ihn persönlich kennen. Sie dachten in vielen Dingen ähnlich. Doch nicht nur das verband sie. Wenn Christlieb von seiner früheren Arbeit in London erzählte, dann hörte Anna begeistert zu. Dort gab es eine Gemeinde, in der nicht nur Gottesdienste, sondern auch Gebetsstunden stattfanden. Das gefiel Anna. Auch die Sonntagsschularbeit oder den Kindergottesdienst hatte Christlieb in seiner Londoner Gemeinde praktiziert.

Das Wichtigste war für Anna jedoch, dass dort nicht gefragt wurde, aus welcher Konfession jemand kam. Sie selbst hatte schon so viele verschiedene Konfessionen kennengelernt. Die Kirchen in Schottland waren anders als die in Deutschland. Die Herrnhuter Brüdergemeinde, die ihr aus Neuwied vertraut war, war anders als die lutherische Kirche, und die erweckten Freikirchen zeigten sich noch ganz anders. Anna hatte allen Gemeinden etwas abgewinnen können. Vor allem gab es überall Menschen, die ihren Glauben ernst nahmen. In Schottland hatte sie erlebt, wie sie alle den einen Gott lobten. Diese Einstellung schätzte sie bei Professor Christlieb. Er hatte das auch erlebt und versuchte es nun in Bonn umzusetzen. Trotz seiner hohen Bildung war er sich nicht zu schade, an kleinen Bibelkreisen in häuslicher Umgebung teilzunehmen. Im Gegenteil, er lehrte, die Bibel beim Wort zu nehmen und den Glauben im täglichen Leben zu praktizieren. Dort, wo Menschen sich um Gottes Wort sammelten, war er dabei.

Im Gespräch fand Anna heraus, dass Theodor Christlieb die Mildmay-Konferenz in England kannte, die sie selbst so oft wie möglich besuchte. Als Anna einmal von einem Vortrag von William Pennefather schwärmte, erfuhr sie, dass Christlieb auch ihn gut kannte. „Er war der Priester meiner Nachbargemeinde in London. Ich habe vor Ort besonders seine diakonische Arbeit geschätzt. Wir waren uns auch immer darin einig, dass die Menschen sich für ein Leben mit Gott entscheiden müssen", erklärte er. Anna und Christlieb trafen sich bei verschiedenen Veranstaltungen und in kleinen Gebetsstunden.

Der Professor bat die Schriftstellerin, ihm verschiedene theologische Bücher aus dem Englischen ins Deutsche zu übersetzen. Es entwickelte sich eine rege Freundschaft. Die Zahl von Christliebs Studenten stieg. Anna freute sich über den Erfolg des Professors. Viele junge Theologen wurden von ihm nachhaltig beeinflusst.

10. In der Heimat ihres Schützlings

Nach dem Tod der Mutter plante Anna eine Reise. Sie war nun frei, nicht mehr an die Pflege gebunden. Es zog sie nach Branderoda im Anhaltischen. Sie wollte die Heimat von Eduard Burkhardt kennenlernen. Anna wusste, dass seine Eltern arme Leute waren. Sie wollte ihren Riesen wiedersehen und wissen, wer die Eltern dieses klugen jungen Mannes waren. Standesdünkel lag ihr fern. Sie hatte kein Problem damit, ins dörfliche Leben einzutauchen und die Begegnung mit den Menschen vom Land zu suchen. Das Dörflein lag idyllisch in einer schönen, grünen Landschaft. Die armseligen Häuser scharten sich um die mächtige alte Dorfkirche. Gleich daneben wohnte der Pfarrer. Das große Anwesen der Gutsbesitzer bestimmte den Charakter des Dorfes. Kaum 200 Menschen lebten hier. Die meisten von ihnen waren landlose Bauern, die auf dem Gut beschäftigt waren. „Hintersättler" nannte man sie. Ihre Häuser glichen eher kleinen Hütten. Außer dem

Pfarrer und dem Lehrer gab es im Dorf nur noch einen Schneider und ein Wirtshaus. Alle anderen Einwohner mussten, so gut es ging, für den Gutsherrn arbeiten.

Tatsächlich lebten die Eltern des Riesen in einer winzigen Kate. Es war nicht einmal Platz, um Anna zu beherbergen. Das Ehepaar war inzwischen alt geworden. Sie waren Anna recht dankbar dafür, dass sie ihrem Sohn so eine gute Ausbildung ermöglicht hatte. Er hatte eine gute Stellung im Nachbarort und konnte mit seinem Einkommen für die Eltern sorgen. Es war auch nötig, dass der Sohn am Häuschen immer wieder einmal Hand anlegte und half, die Kate zu erhalten. Vater Burkhardt konnte nur noch mit Mühe die schwere Arbeit auf dem Gut tun.

Eduards Eltern hatten für Anna eine Unterkunft besorgt. Sie fand herzliche Aufnahme bei der Familie von Albert Veith, in unmittelbarer Nachbarschaft. So konnte Anna die Eltern Burkhardt immer wieder besuchen und viele gute Gespräche führen. Nun erlebte sie mit, was es bedeutete, im Dienste des Gutsherrn zu stehen. Die Arbeit war schwer, der Lohn gering.

Für die Bauersleute war es eine Ehre, die feine Dame zu beherbergen. Nach der Arbeit kam häufig der „Riese" zu ihnen, wie Anna Eduard Burkhardt weiterhin nannte. Oft saß man noch lange bei Kerzenschein beieinander und erzählte.

Tagsüber zog es Anna hinüber ins Pfarrhaus. Mit Pfarrer Holst und seiner Frau verband sie bald eine enge Freundschaft. August Holst war von ganzem Herzen Pfarrer. Der dunkelhaarige Mann mit dem schwarzen Schnauzbart hatte eine etwas hölzerne Art. Das bemerkte Anna immer, wenn seine beiden Söhne zu Hause waren. Der Achtjährige war eher ein stilles Kind. Aber der kleine Adolf, gerade fünf Jahre alt geworden, war ein richtiger Lausbub. Das lebhafte Kind war schwer zu bändigen. Wenn Adolf sich wieder einmal eine Geschichte ausgedacht hatte und damit alles durcheinanderbrachte, rief ihn sein Vater streng zur Ordnung. Dennoch war Pfarrer Holst ein gerechter Vater. Zum Glück für den kleinen Lausbuben lebten die Großeltern mit im Haus. Der Großvater hatte viel Humor und spielte Adolfs ausgedachte Geschichten gerne mit. Dann konnte auch Vater Holst nichts mehr dagegen einwenden.

Die Strenge des Vaters fand ihren Ausgleich im liebevollen Wesen von Frau Holst. Sie verstand es hervorragend, die Brücke zu schlagen zwischen dem lebhaften Sohn und dem strengen Vater. Doch am meisten schätzte Anna an Ehepaar Holst den vertrauensvollen Glauben und seine Liebe zum Wort Gottes. So manches Mal saß sie mit den beiden zusammen und dachte nach, wie eine Bibelstelle auszulegen sei. Gemeinsam überlegten sie, wie man den Einwohnern von Branderoda vermitteln konnte, dass Glaube mehr war, als gelegentlich die Kirche zu besuchen und christlich getauft, konfirmiert, getraut und beerdigt zu werden. Gemeinsam war ihnen auch die Erwartung der Wiederkunft Jesu. Der Herr sollte sie tätig finden, wenn er bald kam.

„Wie gut, dass Sie sich um die Menschen hier kümmern. So hören sie in ihrer Armut wenigstens etwas von der Liebe Gottes. Aber diese gute Botschaft müsste auch mit praktischer Hilfe verknüpft werden", überlegte Anna.

Frau Holst pflichtete ihr bei: „Besonders schlimm finde ich, dass die Eltern alle arbeiten müssen. Auch die Mütter gehen aufs Rittergut. Es gibt keine andere Möglichkeit. Die Menschen sind hier sehr arm."

„Ach, darum sehe ich tagsüber so viele kleine Kinder auf der Straße spielen?", fragte Anna.

„Ja, das tut mir so leid. Aber wenn die Kinder für die Schule zu klein sind, dann müssen sie sich eben allein die Zeit vertreiben. Sie haben Eltern und sind doch heimatlos", erklärte der Pfarrer.

Der Gedanke an diese Kinder ließ Anna nicht mehr los. Wieder erwachten ihre mütterlichen Gefühle. Wer sollte sich um die Kleinen kümmern? Konnte sie helfen?

In den nächsten Jahren besuchte sie das kleine Dorf immer wieder. Die einfachen Menschen waren ihr ans Herz gewachsen. Als sie im Jahr 1873 wieder einmal dort ankam, herrschte große Verzweiflung. Eine seltsame Krankheit war ausgebrochen, die die Menschen, vor allem die Kinder, ans Bett fesselte. Die Patienten hatten einen braunen Rachen und konnten kaum sprechen. Am schlimmsten waren die Hustenanfälle, die fast zum Ersticken führten. „Die Rachenbräune macht unser ganzes Dorf kaputt", sagte Frau Veith, als Anna ihre Kammer bezog. „Fräulein von Weling, wollen Sie wirklich in diesem Dorf bleiben? Sie könnten sich anstecken!", warnte sie. Es wäre Anna niemals in den Sinn gekommen, gerade jetzt wieder wegzugehen.

„Kann ich Ihre Tochter sehen?", fragte Anna nur. Sie hatte gehört, dass auch Pauline, das jüngste Kind von Veiths, die schreckliche Krankheit bekommen hatte.

Anna wurde in die Schlafkammer geführt. Auf dem armseligen Strohsack krümmte sich das kleine Mädchen und rang nach Atem. Hals und Unterkiefer waren geschwollen. Schnell hatte Anna festgestellt, dass sie auch Fieber hatte. Nach einem Blick auf die Zunge stellte Anna fest: „Dieser graue Belag und der geschwollene Hals – das ist Diphtherie. Wir brauchen viel Wasser. Gegen das Fieber helfen kühle Wickel an den Waden. Wir müssen das Fieber ausgleichen. Auf jeden Fall muss sich jeder sorgfältig die Hände waschen, der im Krankenzimmer war. Diese Krankheit ist hochansteckend. Die Fenster müssen weit aufgemacht werden. Hier im Zimmer darf man nichts essen. Ich denke, dass die Krankheit nach ein paar Tagen zurückgeht."

Nachdem Anna bei Veiths geholfen hatte, eilte sie ins Haus von Familie Burkhardt. Der Riese war nicht da. Er hatte eine Arbeit auf einem sächsischen Gut angenommen. Aber die Eltern begrüßten sie herzlich. Auch in ihrem Haus gab es kranke Kinder.

So war Annas Rat nicht nur bei Familie Veith gefragt. Fast in jedem Haus hatte die Diphtherie Einzug gehalten. Für die Dorfbewohner bedeutete das große Not. Geld für einen Arzt oder für Medikamente hatten sie nicht. So klopfte Anna an viele Türen, um ganz praktisch zu helfen und die wichtigsten hygienischen Ratschläge zu geben. Bald war sie im ganzen Dorf bekannt. „Was ist das für eine noble Frau, die sich um uns Bauern kümmert?", fragte man sich. „Sie ist ein Geschenk des Himmels für uns", waren sich die Leute einig.

Nicht allen konnte Anna jedoch helfen. Einige Kinder mussten zu Grabe getragen werden. An manchem Krankenbett konnte sie nur noch ein Gebet sprechen. Durch die Epidemie hatte Anna fast jede Familie im Dorf kennengelernt und das Vertrauen der Leute gewonnen. „Wieder wird mir deutlich, dass die Menschen auch innerlich geheilt werden müssen. Es reicht nicht, ihnen nur in ihren Krankheiten beizustehen. Sie müssen von der Liebe Gottes erfahren. Wie kann man ihnen nur sagen, dass Jesus sich um die Verlorenen kümmert?", überlegte sie gemeinsam mit Pfarrer Holst.

„Ich würde Ihnen einen Raum im Pfarrhaus zur Verfügung stellen, wenn Sie bereit sind mitzuarbeiten", bot ihr der Pfarrer an. „Es ist so wichtig, dass wir die Menschen für Jesus gewinnen. Wenn er wiederkommt, wird er uns fragen, was wir dafür getan haben", fügte er hinzu.

„Jeder Tag, an dem die Jüngsten nicht auf der Straße sind, ist ein Tag, an dem sie sicher sind. Außerdem könnte man ihnen die Geschichten vom Heiland erzählen. Eine bessere Grundlage für ihr Leben kann man ihnen nicht mitgeben", ereiferte sich Anna und erklärte weiter: „Sie wissen doch, dass ich keine eigenen Kinder habe. Umso mehr möchte ich Mutter für Kinder in Not sein. Ich sehe es als meine Aufgabe an, für diese Kinder alles zu tun, was in meinen Möglichkeiten liegt."

Anna hatte schon länger darüber nachgedacht, was

man für die Kinder anbieten könnte. In langen Gesprächen entwickelten der Pfarrer und Anna zusammen einen Plan. Die Idee der „Kleinkinderschule" war geboren. Anna bezog eine feste Wohnung in Branderoda und verbrachte zunehmend mehr Zeit in dem Dorf. Zunächst versuchte sie, sich tagsüber um die Kinder zu kümmern, deren Eltern keine Zeit für sie hatten. Im Dorf kannte man sie von den Krankenbesuchen und brachte ihr großes Vertrauen entgegen. Sie wollte jedoch mehr. Immer wieder lud sie zu „Mütterabenden" ein. Es gab Tee und Gespräche. Das Wichtigste für Anna war, dass die Frauen von Gott erfuhren. In den Häusern gab es keine Bibel. Man besuchte zwar den Gottesdienst und Anna schätzte die Predigten von Pfarrer Holst. Aber so wie sie selbst von der Liebe Gottes überwältigt worden war, so sollten auch diese Menschen ganz persönlich erfahren, dass Gott sie retten wollte.

Im Jahr 1875 war es dann so weit. Anna und der Pfarrer eröffneten eine Kleinkinderschule, wie sie den Kindergarten nannten. Außerdem luden sie an den Sonntagnachmittagen alle Kinder des Dorfes zur Sonntagsschule ein. Gemeinsam unterrichteten sie die jüngsten Dorfbewohner. Eine Kleinkinderlehrerin wurde angestellt. Der Platz im Pfarrhaus war beengt. Anna wünschte sich sehnlichst ein Haus für ihre Kinder, einen großen Raum mit viel Licht und hellen Wänden.

Da wurde Pfarrer Holst nach Beyersdorf versetzt. Die Atmosphäre im Dorf änderte sich, als im Januar 1879 Pfarrer Carl Paul Arndt sein Amt in Branderoda antrat. Anders als sein Vorgänger sah er die Arbeit der engagierten Frau nicht so gerne. Er sah seine Autorität gefährdet. Doch zunächst ließ er sie gewähren.

11. Zweifache Freude

In all den Jahren hielt Anna die Verbindung zu ihren Pflegesöhnen aufrecht. Heinrich und Fritz Zeising hatten schon mehrere Arbeitsstellen durchlaufen. In Köln, Naumburg und Berlin hatten sie Arbeit in Fabriken gefunden. Zu Annas großer Freude suchten sie überall die Jünglingsvereine, wie der CVJM damals hieß, und die Bibelstunden auf und hielten sich von den Verlockungen der Welt fern. Mit Alkohol, Flüchen oder oberflächlichen Frauengeschichten wollten sie nichts zu tun haben. Es war in der Adventszeit des Jahres 1877, als ein Brief der beiden Anna besonders erfreute:

„Liebe Mutter! Wie Du weißt, haben wir seit einigen Monaten in Berlin eine Arbeit gefunden. Wir müssen hier ganz besonders dem Herrn danken, dass er uns bewahrt hat vor den vielen Versuchungen, die in solchen großen Städten vorkommen. Allerdings haben wir hier den Herrn oft betrübt, wenn wir Ihm weniger gehorchten als den Menschen, und haben das dritte Gebot oft übertreten. [Du sollst den Feiertag heiligen.] Du hast uns beigebracht, den Sonntag zu heiligen und auf jeden Fall den Gottesdienst zu besuchen. Doch wir

haben Gott nicht die Ehre erwiesen und sind zum Gottesdienst gegangen, sondern ließen uns zur Sonntagsarbeit drängen. Wir preisen den lieben Herrn für seine große Geduld. Wir wurden auch hier oft gestärkt im Glauben durch die durchdringende Predigt von dem ehrwürdigen Pastor Knak und danken dem Herrn für sein teures Evangelium, welches in alle Lande verkündigt wird. Gemeinsam haben wir in einer Stunde des Gebetes Heilsgewissheit gefunden. ‚Sehet, welch eine Liebe hat uns der Vater erzeigt, dass wir Gottes Kinder sollen heißen.‘"

Beim Lesen jubelte Annas Herz. Nichts hatte sie sich mehr gewünscht, als dass die beiden jungen Männer zu so einem lebendigen Glauben durchbrechen sollten! Sie war überzeugt, dass Gott noch viel mit ihnen vorhatte. Einige Jahre später meldete sie die beiden zur Ausbildung auf Chrischona an. Die freie evangelische Ausbildungsstätte in der Nähe von Basel war dabei, sich zur ersten Evangelistenschule im deutschsprachigen Raum zu entwickeln. Die „Pilgermission St. Chrischona" war gegründet worden, um junge Handwerker für den Dienst in der Mission auszubilden. Dabei hatte man nicht nur ferne Länder im Blick, sondern wollte ebenso dafür sorgen, dass „Christen keine Heiden werden" (C. F. Spittler).

Brief Anna von Welings an die Leitung von Chrischona
Bonn, 26. Mai 1881
Sehr geehrter Herr,
Herr Professor Christlieb hat mich in einer Angelegenheit, die mir sehr am Herzen liegt, an Sie verwiesen. Ich

habe zwei junge Schützlinge, Zwillingsbrüder, für die
ich seit ihrem vierten Jahre gesorgt habe. Sie sind aus
einer ganz armen, hiesigen evangelischen Familie und
sind sozusagen unter meinen Augen aufgewachsen. Ich
ließ sie das Bürstenbinderhandwerk lernen und sie sind
nun schon mehrere Jahre Gesellen und jetzt 25 Jahre
alt. Beide sind entschieden bekehrt und gläubige Chris-
ten und es tut ihnen wie mir je länger, je mehr leid, dass
sie ihre Kräfte nicht ausschließlicher dem Dienste des
Herrn widmen können. Da meinte Professor Christlieb,
dass ich doch bei Ihnen anfragen solle, ob sie wohl noch
in Ihrer Anstalt Aufnahme finden könnten?

Ich sollte sagen, dass sich die jungen Leute ganz vor-
trefflich zum Beispiel zu Stadtmissionaren würden aus-
bilden lassen, und ihre Gesellenzeit wäre ihnen gewiss
eine gute Vorschule gewesen. Sie haben viele Kämpfe
durchmachen und auch Verfolgungen erleiden müssen,
wegen der Standhaftigkeit, mit der sie sich stets gewei-
gert, Sonntagsarbeit zu verrichten oder auf Tanzböden
oder in Wirtshäuser zu gehen usw., und überall, wo sie
hingekommen, haben die gläubigen Geistlichen uns
geschrieben, welch einen Halt sie zum Beispiel in den
Jünglingsvereinen an den beiden Brüdern gehabt, wie
sie allen anderen ein leuchtendes Beispiel gewesen usw.

Es sollte mir sehr leid tun, wenn Sie sie vielleicht für
zu alt für Ihre Anstalt halten sollten, und bemerke nur
hierzu, dass, obschon geistig gereift, man sie sonst in
ihrem Wesen für reichlich 4–5 Jahre jünger halten wür-
de, was mit aus ihrer wahren Herzenseinfalt und Lau-
terkeit entspringen mag. Sie sind auch überaus taktvoll

und bildungsfähig, haben hübsche Singstimmen und
ein offenes, feines Wesen.

Augenblicklich sind sie in Schleswig in Arbeit, doch
steht dort alles derart unter dem Einfluss der Sozialis-
ten, dass die beiden jungen Leute einen schweren Stand
haben.

Ich habe Ihnen, auf Professor Christliebs Rat, dies
alles so ausführlich geschrieben, damit Sie sich ein mög-
lichst klares Bild von meinen Schützlingen machen kön-
nen, und ich bin zu jeder weiteren Auskunft gern bereit.

Darf ich mir eine möglichst baldige Antwort erbit-
ten? Hochachtungsvoll
Fräulein von Weling
Beethovenstraße 1., Bonn

12. Zeit des Umbruchs

Überschwängliche Freude und schlimme Anfein-
dungen bestimmten gleichzeitig die Erfahrungen
des Jahres 1882. Gerade dieses Jahr sollte Annas Leben eine entscheidende Wendung geben. Doch diese
Wende war mit schweren Enttäuschungen verbunden.
In den vergangenen Jahren hatte sie sich das Vertrau-
en der Einwohner von Branderoda erworben. Auch in
Bonn war sie immer noch oft anzutreffen. Sie pflegte
Freundschaften wie mit Professor Theodor Christlieb,
für den sie immer wieder Übersetzungen anfertigte. Mit

großem Interesse verfolgte sie zudem das Leben an der Universität. Gleichzeitig freute sie sich über die Fortschritte in Branderoda. Das Jahr fing somit gut an.

Es war im Februar. Mit einem amtlichen Schreiben in der Hand lief Anna ins Elternhaus von Eduard Burkhardt. „Der Visitationsbericht ist da. Das muss ich euch mitteilen. Ist das nicht wunderbar? Ich bin so froh über diese gute Beurteilung. Hört nur, was die Schulbehörde schreibt!" Vor Freude schien die sonst so ausgeglichene Anna ganz aus dem Häuschen zu sein. Sie musste diese Freude teilen. Der Riese war gerade für einige Wochen bei seinen Eltern. Im kommenden Frühjahr wollte er eine neue Stelle im Vogtland antreten. Als Anna mit ihm und seinen Eltern am Küchentisch Platz genommen hatten, las sie vor:

Vom segensreichen Einfluss auf das sittliche Wohl der Gemeinde und im Speziellen für die heranwachsende Jugend ist die am Ort befindliche, im Jahr 1875 gegründete Kleinkinderschule, in welcher in entschiedenem christlichem Geist und Sinne seit fünf Jahren eine bewährte Lehrerin im Segen arbeitet. Mit Ausnahme von zwei Familien schicken sämtliche Familien ihre Kinder vom zweiten Lebensjahr bis zum Eintritt in die Schule in diese Kleinkinderschule. Auch eine Sonntagsschule, seit dem Juli dieses Jahres errichtet und vom Pfarrer geleitet, welche jeden Sonntagnachmittag von zwei bis drei Uhr in den Räumen der Kleinkinderschule gehalten wird, ist bemüht, auf diesem Grunde, welcher in der Kleinkinderschule gelegt ist, weiterzubauen.

Familie Burkhardt freute sich mit ihr. „Liebe Anna,

du bist ein wahrer Segen für unseren Ort! Dieses Schreiben ist eine gute Voraussetzung für unser Bauvorhaben", sagte Eduard. Annas Augen strahlten. Die Unterstützung der Behörden war ihr nun sicher. In diesem Jahr sollte sich ihr Traum von einem eigenen Haus für die Kleinkinderschule endlich verwirklichen! Die Bauarbeiten hatten schon begonnen. Im Sommer wollte sie mit ihren Kindern dort einziehen.

Während Anna sich in der Abgeschiedenheit von Branderoda ganz den Kindern widmete und versuchte, den Dorfbewohnern die Nachricht von der Rettung aus Schuld und Sünde zu vermitteln, schlugen in Bonn die Wellen hoch. Annas neuer Roman war erschienen. In „Die Studiengenossen" erzählte sie vom Leben an der Universität: Der junge Theologiestudent Rothenhalm ist zwischen den Lehren der verschiedenen Professoren hin und her gerissen. Er ist auf der Suche nach dem richtigen Glauben. Zwei Professoren bringen ihm die historisch-kritische Wissenschaft nahe. Einer von ihnen ist besonders beliebt. Die Studenten laufen ihm nach. Er macht Eindruck mit seinen stimmungsvollen Predigten. Aber die wahren Gläubigen können dem nichts abgewinnen.

Die Sympathie der Autorin gilt offensichtlich dem dritten Professor. Er wurde durch seine Beziehungen nach Amerika und England bekannt und hält viel vom Bibellesen sowie vom gemeinsamen Gebet. Unter ihrem Pseudonym Hans Tharau schildert Anna Szenen aus der Professoren- und Studentenwelt, von Gottesdiensten an der Universität, von gesellschaftlichen

Treffen und Tischreden. Brennende Fragen aus dem Universitätsleben, aber auch wunde Punkte werden angesprochen.

Zunächst wurde das Buch als literarischer Beitrag zur Unzulänglichkeit des Universitätsstudiums bewertet. Der Roman war interessant zu lesen und fand seine Abnehmer. Doch dann erreichte Anna ein Brief von Professor Christlieb, dessen Inhalt sie zunächst nicht verstand.

Sehr geehrtes Fräulein von Weling,
hiermit breche ich jeden Kontakt zu Ihnen ab. Ihr jüngster Roman bringt mich in größte Schwierigkeiten. Ich sehe dankbar auf gute Begegnungen zurück, auch teile ich Ihre Meinung in vielen Dingen. Aber das geht zu weit. Wie soll ich mit meinen Kollegen, den ehrenwerten Professoren, fruchtbar zusammenarbeiten? Ich habe keine Wahl, als mich von Ihnen loszusagen, sonst wäre meine weitere gedeihliche Arbeit an der Friedrich-Wilhelm-Universität unmöglich. Einige Personen behaupten sogar, ich hätte diese Enthüllungsschrift in Auftrag gegeben, was ich nachdrücklich von mir weise!
Hochachtungsvoll! Professor Theodor Christlieb
Bonn, am 10. April 1882

Anna war fassungslos. Was war passiert? Sie hatte den Namen Christlieb in ihrem Buch doch gar nicht genannt! Sorgfältig hatte sie für jede Person einen Decknamen erfunden. Erst später fand sie heraus, dass in der Kölnischen Zeitung am 6. April eine Rezension erschienen war, die die Namen der Bonner Professoren aufdeckte. Eine Freundin schickte ihr den Artikel mit der Post zu.

„Dieser neueste Roman einer durch das Pseudonym ‚Hans Tharau' gedeckten Bonner Schriftstellerin ist ein Tendenzroman in des Wortes übelster Bedeutung. Es handelt sich mit kurzen Worten darum, die deutsche protestantische Theologie zu verdächtigen und den Amerikanismus als Heilmittel für die Schäden, welche dieselbe in der evangelischen Kirche angerichtet haben soll, zu empfehlen. Der Schauplatz der Geschichte wie die Hauptpersonen sind so deutlich gezeichnet, dass man die Naivität (!) der Indiskretion der Verfasserin anstaunen muss. Der eigentliche Held des Romans ist ein Bonner Professor der Theologie, dessen Beziehungen zu England und Amerika bekannt sind. Dass er die albernen theologischen Exkurse, die das Buch verunzieren, inspiriert hätte, darf man nicht annehmen. Ihm gegenüber stehen zwei gleichfalls mit Händen zu greifende jüngere Professoren der Theologie, welche die historisch-kritische Schule vertreten. Mit dem einen ist ein beliebter Bonner Prediger in ungeschicktester Weise verschmolzen. Zwischen beiden Gruppen steht ein „lauer" Vermittlungstheologe, auf den gewisse Züge eines jüngst verstorbenen juristischen Professors übertragen sind. Alles das unglaublich deutlich und darum unglaublich ungeschickt."

„Stell dir vor, Anna", hatte ihre Freundin dazugeschrieben, „man erzählt sogar, dass der Professor Christlieb die gesamte Auflage Deines Buches aufgekauft habe. Das mag ich nicht glauben. Aber die Aufregung ist groß. In allen akademischen Kreisen wird Dein Buch diskutiert. Manch einer geht hart mit Dir ins Gericht."

So harte Kritik hatte Anna noch nie einstecken müssen. Sie hatte ein anderes Echo erwartet. Wie sehr hatte sie sich gewünscht, dass die Leser ihre Bedenken zur historisch-kritischen Theologie teilen würden. Sie war überzeugt davon, dass mit diesen modernen Methoden kein Mensch zum lebendigen Glauben kommen konnte. Darum wollte sie Begeisterung wecken für die ganz andere Art des von ihr so verehrten Professors. Um sich die hitzigen Debatten zu sparen und dem Professor keine weiteren Schwierigkeiten zu machen, brach sie enttäuscht ihre Beziehungen nach Bonn ab. Sie war sich zudem darüber im Klaren, dass sie nach diesem Skandal keinen Zugang zu den akademischen Kreisen in Bonn mehr haben würde.

„So werde ich mich umso mehr den Kindern von Branderoda widmen", erklärte sie, als sie wieder einmal mit ihrem Riesen zusammensaß. Durch die gute Ausbildung, die sie ihm ermöglicht hatte, war er ihr ein ebenbürtiger Gesprächspartner, auch wenn er nie von einer klaren Entscheidung für den Glauben sprach. Mit ihm konnte sie auch über die Baustelle reden. Am Pfarrhaus entstand ja in dieser Zeit ein Anbau. Die Kinderschule würde eigene Räume bekommen. Bald sollte sich also ihr Traum verwirklichen!

Zum Glück hatte sie sich schon vorher rege mit Professor Christlieb ausgetauscht. Mit ihm hatte sie sich beraten, unter welchem Wort aus der Heiligen Schrift diese Schule stehen sollte. Als die Bauarbeiten dem Ende zugingen, ließ sie ein großes Schild über der Tür anbringen: „Er wird die Lämmer in seine Arme sammeln und in seinem Busen tragen und die Schafmütter führen", so prangte es in großen Buchstaben über dem Eingang. Dieses Wort aus dem Buch des Propheten Jesaja war genau richtig. „Das Trostkapitel des Propheten spricht mir aus dem Herzen. Das ist mein Anliegen, ich möchte diesen armen Kindern die Liebe und Geborgenheit bei Gott vermitteln", hatte sie an Christlieb geschrieben.

Am 25. Juni 1882 wurde der Anbau eingeweiht. Anna schrieb später: „Die Einweihung der Schule war einer der schönsten Tage meines Lebens." Die Sonne strahlte an jenem Sonntagmorgen vom Himmel, als würde sie sich mitfreuen. Anna hatte viele Gäste eingeladen. Pastor Holst war mit seiner Frau gekommen und auch die Vorsteherin des Kleinkinderlehrerinnenvereins aus Halberstadt. Alle Dorfbewohner und viele aus den umliegenden Orten kamen zum Fest. Für das kleine Dorf war das ein aufregender Tag. Anna war es wichtig, dass viele Gäste schon morgens zum Gottesdienst kamen. So füllte sich die Dorfkirche mit Gemeindegliedern und Gästen. Neben Eduard Burkhardt ging sie zum heiligen Abendmahl.

Um drei Uhr nachmittags traf man sich auf dem Spielplatz der alten Schule. Alle trugen ihre besten Festtagskleider. Blumenkränze schmückten das Haar der Kinder. Alle waren so gut herausgeputzt, wie es nur ging. Dann stimmte die Menge das Lied „Unsern Ausgang segne Gott" an.

Nachdem die letzten Töne verklungen waren, folgte ein feierlicher Umzug durch das ganze Dorf. Die Häusler hatten alles darangesetzt, diesen Tag feierlich zu begehen. Geschickt hatten sie aus Zweigen große Ehrenbogen über die staubige Dorfstraße gesetzt. Der Umzug war von Musik begleitet. Eine kleine Kapelle spielte „Sei Lob und Ehr dem höchsten Gut". Die Kinder waren furchtbar aufgeregt, doch sie folgten Anna und den Ehrengästen in wohlgeordneten Reihen. Auf dem Platz vor der neuen Schule hielt die Menschenmenge an. Wieder wurde ein Lied angestimmt. „Ach bleib mit deiner Gnade", das hatte Anna so gewählt. Gottes Segen, das Lob Gottes und die Botschaft von seiner Gnade, davon sollten die zahlreichen Gäste erfahren.

Pfarrer Arndt, der Nachfolger von Pfarrer Holst, hielt eine Ansprache, in der er betonte, wie wichtig die Kleinkinderschule für das Dorf war. Obwohl Anna seine theologische Meinung nicht teilte, wollte sie ihn doch als Oberhaupt der Gemeinde in die Feier einbeziehen. Der Segen Gottes und die Einheit von Kirche und Schule waren ihr wichtig.

Besonders aufregend war die Veranstaltung für den fünfjährigen Wilhelm, die vierjährige Katharina und noch vier weitere Kinder. Sie hatten Gedichte auswendig gelernt. Nun standen sie vor der Menschenmenge und sagten auf, was sie bei Anna gelernt hatten. Ein Raunen ging durch die Menge. Das hatte man den Kindern der armen Bauern nicht zugetraut.

Mit feierlicher Geste überreichte der Baumeister den Schlüssel für das neue Haus. Fräulein von Monsterberg, die Lehrerin der Kleinkinderschule, hatte für genau diesen Augenblick eigens ein Gedicht verfasst. Es wurde von Pauline Veith vorgetragen. Anna musste in diesem Moment daran denken, wie diese als Kind mit hohem Fieber auf dem Strohsack gelegen hatte, als die Diphtherie-Epidemie das Dorf in Schrecken versetzt hatte. Was war in diesen Jahren nicht alles passiert! Nun stand dieses Mädchen gesund vor der Festgemeinde und sagte ein langes Gedicht auf.

Seit sieben Jahren gab es die Kleinkinderschule bereits. Fast alle Kinder des Ortes hatten schon in frühster Kindheit die Geschichten von Jesus gehört. Wie alle Kinder, so liebten sie die Geschichte vom verlorenen Schaf. Anna hatte ihnen immer wieder vermittelt, dass Jesus der gute Hirte war. Wie sehr wünschte sie sich, dass diese Kinder mit der Gewissheit ins Leben hinaustraten, dass sie bei diesem Hirten den besten Platz für ihr Leben hatten!

Im Dorf hatte sich schon manches geändert. Die Kinder lungerten nicht mehr auf der Straße herum. Sie hatten es viel leichter, wenn sie in die Schule kamen. Und auch in den Familien spielte der Glaube eine andere Rolle. Oft erzählten die Kinder ihren Eltern von den biblischen Geschichten. So mancher Vater hörte auf zu fluchen, weil seine Kinder ihm sagten, dass es nicht recht sei. Anna legte Wert darauf, dass die Kinder sich regelmäßig die Hände wuschen und vieles andere von klein auf lernten.

Ja, das Dorf hatte sich verändert. Doch es war noch viel zu tun. Anna wollte jetzt ganz hier leben und auch die Erwachsenen ansprechen. In Branderoda und Umgebung wollte sie jede Familie besuchen, hören, was die Menschen bewegte, und ihnen mit Rat und Tat zur Seite stehen. Die neuen Räume der Kleinkinderschule waren so schön geworden, dass Anna beschloss, die Frauen regelmäßig dorthin einzuladen. Sie entwickelte Ideen, wie sie an den Abenden Praktisches und Evangelisation verbinden könnte. Ihr wichtigstes Anliegen war es, dass die Frauen von der Liebe Gottes erfuhren. So, wie sie selbst von dieser Botschaft überwältigt worden war, so sollten die Menschen in diesem kleinen Dorf durch sie das Reich Gottes kennenlernen.

All das ging Anna durch den Kopf, während ihre Gäste die neuen Schulzimmer bestaunten. Sie hatten hohe Decken und waren von Licht durchflutet. Sprüche und Bilder zierten die Wände. Drinnen und draußen wurden Kinder und Erwachsene bewirtet. Für Anna war es ein Tag, an dem sie Gottes Segen besonders spürte. Sie war überzeugt, es lag daran, dass so viele betende Herzen ihre Arbeit hier in Branderoda begleiteten.

13. Ein besonderer Hafen

An Heinrich und Friedrich Zeising
Lieber Heinrich, lieber Fritz,
es freut mich zu hören, dass Ihr Eure Ausbildung auf
Sankt Chrischona bald abschließen werdet. Leider kann
ich bei Eurer Aussendung nicht dabei sein. Ich weile
wieder einmal auf den Britischen Inseln. Auf der Reise
nach Montrose war ich auch in London. Dort durfte
ich einige Evangelisationsveranstaltungen mit einem
Redner aus Amerika erleben. Er zieht die Menschen-
mengen an. Täglich finden zwei oder drei Versammlun-
gen statt, zu denen etwa 5000 Menschen kommen. Nur
die größten Hallen fassen so viele Besucher. Sein Name
ist Dwight L. Moody. Man stelle sich vor, er war ein
Schuhverkäufer! Aber dann hat der Herr ihn berufen.
Er spricht so einladend, so klar von der Rettung durch
Jesus, dass jedes Mal Hunderte zurückbleiben, um ihr
Leben an Christus hinzugeben. Bei allen Veranstaltun-
gen tritt auch ein junger Sänger auf. Seine Lieder gehen
zu Herzen und bringen die Menschen zur Umkehr.

Gerne wäre ich noch länger in London geblieben.
Aber mein Vetter David braucht mich in Montrose. Er
ist jetzt der Pastor hier in seinem Heimatort. Ihr wisst
ja, meine Verwandten gehören zur Vereinigten Presby-
terianerkirche. Doch was spielt das schon für eine Rol-
le, welcher Kirche jemand angehört? Wichtig ist, dass
die Heilige Schrift gelehrt wird. David ist ein hervorra-
gender Prediger. Ich gehe gerne in seine Gottesdienste.

Wir beten auch viel für seine Gemeinde. Ihm liegt viel daran, dass seine Gemeindeglieder nicht nur formal zur Kirche gehören. Darum sucht er immer wieder persönliche Kontakte. Er kann meine Hilfe gut gebrauchen. Ich habe schon viele Familien besucht und mit den Frauen seelsorgerliche Gespräche geführt. Die Not der Menschen ohne Gott ist überall groß. Wie gut, dass ich ihnen von der Liebe Gottes sagen kann, so wie ich sie selber erfahren habe.

Ich habe hier noch eine ganz andere Aufgabe übernommen. In der Hafenstadt Montrose gibt es viele Matrosen, deren Schiffe hier anlegen. Wenn sie an Land gehen, dann bleiben sie oft in den Pubs und trinken viel Alkohol. Die Ältesten von Davids Gemeinde haben sich Gedanken darüber gemacht. Sie haben die Matrosen auch zum Gottesdienst eingeladen. Aber die meisten sprechen kein Englisch. Darum lädt man sie zu eigenen Veranstaltungen ein. Jeden Sonntagabend halte ich hier in einer eigens dazu erbauten Kapelle einen deutschen und nachher einen italienischen Gottesdienst für die Matrosen. Eigentlich bin ich ja dagegen, dass Frauen so etwas tun. Da aber kein Mensch hier ist, der dieser beiden Sprachen mächtig ist, mag es doch wohl das Richtige sein. Zuerst singen wir aus der „Frohen Botschaft" und der „Missionsharfe". Dann bete ich und lese eine Ansprache. Einige davon habe ich im Glaubensboten von Chrischona gefunden. Habt Ihr sonst noch etwas Passendes, das ich in 16 Minuten lesen kann? Bitte schickt es mir zu. Die Predigten, die ich von Professor Christlieb hier habe, die sind zu lang und zu hoch.

Im September werde ich wieder in mein geliebtes Branderoda reisen. Dann ist Eure Ausbildung ja beendet. Wie sehr würde ich mich freuen, wenn Ihr zu mir nach Branderoda kommt. Wir können dort gemeinsam für den Herrn arbeiten. In dem schönen neuen Haus möchte ich recht viele Veranstaltungen anbieten. Mit Eurer Hilfe können wir auch die Männer erreichen. Bis jetzt habe ich mich nur um die Frauen gekümmert. Die Teeabende und der Nähverein werden schon gut besucht. Aber wenn Ihr kommt, dann können wir auch Bibelstunden anbieten. Wie gut wäre es, wenn jeden Abend die Türen für die armen Dorfbewohner geöffnet sein könnten!

Ich möchte auch gerne einen Evangelisten einladen. In London habe ich Doktor Ziemann kennengelernt. Er spricht ähnlich wie Moody in großen Hallen. Ich hatte schon im Rheinland von ihm gehört. Als Arzt sieht er seine besondere Verantwortung für die jungen Menschen. Aber die jungen Leute von Branderoda werden wohl kaum jemals so eine Veranstaltung in einer großen Stadt erleben. Darum möchte ich, dass Heinrich Peter Ziemann ins Dorf kommt. Er kann auf seine ärztlichen Erfahrungen zurückgreifen und sehr anschaulich sagen, wie man sich vor Krankheiten schützt und warum ein guter Lebenswandel wichtig ist. Das wird den Dorfbewohnern guttun. Doch wichtiger ist ihm, dass die Menschen eine grundlegende Erneuerung durch Christus erleben. Er spricht am liebsten unabhängig von den Kirchen, aber er spricht die Sprache des Volkes und kann aus seiner reichen Lebenserfahrung schöpfen.

Er spricht mir aus dem Herzen, wenn er predigt, dass
nur ein Leben mit Gott ein gutes Leben ist.

Auch für diese Evangelisation werde ich Eure Hilfe
brauchen. Ich freue mich schon, wenn wir in Brande-
roda wieder beieinander sein werden. Dann erwarte
ich Euren Bericht über die Ausbildung in Chrischona.
Wir wollen auch dafür beten, dass der Herr Euch einen
Platz in seinem Reich zeigt, wo Ihr ihm mit ganzem
Einsatz dienen könnt. Doch zunächst hätte ich Euch
gerne in Branderoda.

Mit herzlichen Segenswünschen – Eure Mama Anna

14. Zerstörte Hoffnung

Fritz und Heinrich hatten ihre Ausbildung in St.
Chrischona erfolgreich beendet. In einem feierlichen Gottesdienst waren sie nach Scheuern in der
Eifel ausgesandt worden. Dort arbeiteten sie in einer
Einrichtung für Menschen mit geistiger Behinderung.
Sie waren gerne bereit, mit Anna zusammen in Branderoda tätig zu sein. Für Fritz gab es einen besonderen
Grund, in den kleinen Ort zu ziehen. Heinrich begann
ihn schon bald zu necken. „Lieber Bruder, ich habe gesehen, dass du dich recht gerne mit der Tochter der Familie Veith unterhältst", stichelte er.

Fritz wurde verlegen. Er konnte nicht leugnen, dass
Pauline Veith ihm auf den ersten Blick gefallen hatte, mit

ihren schönen braunen Augen und dem leicht gewellten, ordentlich zum Zopf geflochtenen Haar. Manchmal konnte er seinen Blick einfach nicht abwenden. Aus dem kleinen Mädchen war eine hübsche junge Frau geworden. Anna hatte die Tochter ihrer Vermieter schon lange mit geprägt. Pauline hatte sich schon als Kind für ein Leben mit Christus entschieden. Jetzt konnte Fritz sich gut mit ihr unterhalten. Sie kannte die Bewohner von Branderoda und hatte ein gutes Urteilsvermögen. So entspann sich eine zarte Liebe zwischen ihnen.

Anna war entsetzt. Sie wollte nicht glauben, was in dem Schriftstück vom Landrat stand. Es war eine Anklageschrift. Ruhestörung und Hausfriedensbruch warf man ihr vor. Die Kleinkinderschule sollte geschlossen werden. Wie konnte es nur so weit kommen? Pfarrer Arndt und Amtmann Bothe, der Verwalter des Rittergutes, hatten sich über sie beschwert. Anna saß mit Heinrich und Fritz zusammen.

Der kleine Carl drückte sein Gesicht in Annas weiten Rock. Er verstand die Worte der Erwachsenen nicht. Sollte Anna vielleicht aus dem Dorf wegziehen? Das machte ihm Angst. Er war drei Jahre alt. Seine Mutter war früh Witwe geworden. Zu früh. Das Kind war ihr eine Last. Annas aufmunternde Worte für die junge Mutter hatten keinen Erfolg gehabt. Darum versuchte sie, sich so viel wie möglich selbst um den kleinen aufgeweckten Kerl zu kümmern. Sie nahm ihn nach der Kleinkinderschule oft mit nach Hause und versuchte ihm zu geben, was seine Mutter nicht geben konnte.

Carls Mutter arbeitete auf dem Gutshof als Magd. Sie kam oft spät nach Hause zurück. Wo hätte sie das Kind lassen sollen? Abends ging sie gerne aus. Anna hatte Mitleid mit dem Jungen. Er war so wissbegierig! In der Kleinkinderschule hatte er bald sprechen gelernt. Manchmal hatte Anna den Eindruck, dass der Kleine lieber in ihrer Nähe blieb, als zu seiner Mutter zu gehen. Sie hatte ihn sofort lieb gewonnen.

Aber jetzt ging es nicht um eines der Kinder. Jetzt ging es um die ganze Kleinkinderschule und um eine blühende Arbeit, mit der Menschen gerettet werden sollten. Hatte Gott sie nicht hierher nach Branderoda geschickt? Sie hatte es immer als seine Führung angesehen. Aber jetzt?

Auch die Zwillinge, frisch ausgebildet von der Bibelschule und voller Elan, waren ratlos. Alle drei konnten nicht verstehen, was da passierte. Sie hatten doch so erfolgreich hier gearbeitet. Unzählige Schriften mit christlicher Botschaft hatten sie in die Häuschen der Bauern getragen. Wie dankbar waren die Frauen, wenn Anna sich Zeit für sie nahm und in ihre armen Behausungen kam. Anna hörte ihnen zu, erzählte ihnen von der Liebe Gottes. Ihr war es wichtig, dass die Menschen die Maßstäbe der Bibel kennenlernten. Sie betete mit ihnen. Manchmal sang sie ein Lied. „Das hat mir so gutgetan", hatte erst gestern Frau Thieme gesagt. Sie war Witwe und hatte ihre Kinder nach dem frühen Tod ihres Mannes allein großgezogen. Sie war nur eine von vielen, die Annas Besuche dankbar annahmen.

Die Zwillinge mühten sich ebenfalls, den Dorfbewohnern die Nachricht von der rettenden Gnade Gottes zu sagen. Sie hielten Bibelstunden und Teeabende ab. Die Sonntagsschule wurde von fast allen Kindern des Dorfes besucht. Jeden Tag fand im Dorf mindestens eine Veranstaltung statt, oft auch zwei. Im vorigen Jahr hatte Dr. Ziemann im Ort evangelisiert, ein deutscher Arzt, der nach London übergesiedelt war. Sogar aus den Nachbardörfern waren die Menschen gekommen. Die Räume der Kleinkinderschule hatten kaum ausgereicht. Nun sollte alles vorbei sein?

„Wie kann man von Hausfriedensbruch sprechen?", regte sich Anna auf. „Habt ihr jemals ein Haus betreten, in dem ihr nicht willkommen geheißen wurdet?", fragte sie die Zwillinge.

„Nein, die Leute haben sich immer über unsere Wertschätzung gefreut", meinte Heinrich.

Fritz ergänzte: „Im persönlichen Gespräch ist es viel leichter, den Menschen zu zeigen, warum sie Jesus brauchen."

„Sogar mit dem Schenkenwirt Meier konnte ich vorige Woche ein ernstes Gespräch führen. Er sorgt sich, ob noch genug Gäste kommen, wenn die Männer nicht mehr so viel Alkohol trinken. Aber auch er möchte nicht, dass sich die Leute totsaufen. Er war sehr interessiert, als ich ihm sagte, dass man mit Gott ein ausgefülltes Leben führen kann. Ich wollte in den nächsten Tagen wieder mit ihm sprechen. Aber daraus wird ja nun nichts. Wie kann man sich Gottes Wirken nur so entgegenstellen?", überlegte Heinrich laut.

Fritz konnte sich gut vorstellen, wem das alles nicht

gefiel: „Pfarrer Arndt befürchtet, wir könnten seine Autorität untergraben. Aber wir wollen doch nur seine Arbeit unterstützen. Er müsste sich doch freuen, wenn die Einwohner von Branderoda nun öfter zum Gottesdienst kommen. Wie oft haben sie früher den Sonntag entheiligt und sind zum Arbeiten aufs Feld gegangen. Das Dorf hat sich so verändert."

„Ja, aber Pfarrer Arndt hält nicht so viel davon, dass der Heilige Geist auch in Menschen wohnen kann, die nicht Theologie studiert haben. Ich hatte erst kürzlich eine Auseinandersetzung mit ihm. Ich habe ihm von Bonn erzählt. Professor Christlieb ist ein anerkannter Theologe. Pfarrer Arndt wollte mir nicht glauben, dass Christlieb die kleinen Bibelkreise in den Häusern unterstützt. Er ist der Meinung, dass er allein zum Verwalter des Wortes Gottes berufen ist. Pfarrer Arndt wollte mich davon abbringen, die Menschen zum Bibellesen zu ermutigen. Auch war er ganz und gar dagegen, dass wir die Menschen zur Umkehr aufrufen. Er meint, dass es genügt, wenn jemand getauft ist. Ich habe ihm von mir erzählt. Damals in Aberdeen habe ich erfahren, dass ein gottgefälliges Leben allein eben nicht ausreicht. Nur wer umkehrt und seine Sünde bekennt, wird ein lebendiges Kind Gottes. Darüber hat sich der Pfarrer so aufgeregt, dass wir das Gespräch abbrechen mussten. Nun hat er einen anderen Weg gefunden, um uns mundtot zu machen. Aber ich werde mich zur Wehr setzen", rief Anna erregt.

Mit dem Generalsuperintendenten in Magdeburg führte sie eine heftige schriftliche Auseinandersetzung.

Man warf Anna vor, dass sie zu wenig „kirchlichen Sinn" habe. Die Amtskirche fühlte sich offensichtlich bedroht. Der Dorfpfarrer erhielt die Erlaubnis, eine eigene Kleinkinderschule zu eröffnen. So entzog er Anna die Kinder. Außerdem hatte er mit dem Amtmann geschickt eingefädelt, dass das Grundstück, auf dem das Schulhaus stand, verkauft wurde. Anna hatte keinen Zutritt mehr. Ein Gericht verurteilte sie wegen Hausfriedensbruchs zu einer Geldstrafe von 100 Reichsmark. Anna war enttäuscht. Hier konnte sie nicht bleiben. Dabei hatte sie doch so große Pläne. Nun sah alles ganz anders aus. Mit dem Strafbefehl und der Schließung ihrer Schule schien alles vorbei zu sein. Sie konnte es nicht begreifen.

Fritz wurde immer nachdenklicher. Anna hatte es sofort bemerkt. Sie nahm ihn beiseite. „Machst du dir Sorgen um Pauline?", fragte sie einfühlsam. Sie legte ihm die Hand auf den Arm. „Ich glaube, sie wird dir eine gute Ehefrau sein. Wollt ihr euch nicht verloben? Dann kannst du sie leichter besuchen, wenn wir wegziehen müssen."

Da leuchteten die Augen des jungen Mannes. Er hatte schon lange überlegt, wie er es mit seiner Mutter besprechen sollte. Ja, er wollte Pauline gerne heiraten. Aber dafür brauchte er erst eine feste Stelle. Er hatte sich schon verschiedentlich beworben. Jetzt hoffte er, in Hamburg seinen Platz zu finden. Aber es war noch nicht sicher. Gemeinsam beteten sie darum, Gottes Wegweisung zu erkennen. In Anna stiegen Erinnerungen auf. Nein, ihr Fritz sollte nicht so eine Enttäuschung erleben wie sie damals. Sie wünschte ihm von Herzen, dass die junge Liebe nicht gefährdet wurde.

Nicht alle Pfarrer der lutherischen Kirche beurteilten Annas Arbeit so wie der Pfarrer von Branderoda. Im wenige Kilometer entfernten Weißenfels fand sie mit Heinrich und Fritz zusammen eine neue Unterkunft. Für Fritz stand fest, dass er bald seine Pauline heiraten wollte. Dann konnten sie miteinander ihre Zukunft planen. Auch Carl durfte mit umziehen. Seine Mutter war froh, dass er bei der vornehmen Dame gut untergebracht war.

Der dortige Superintendent Vogel wusste Annas missionarischen Eifer zu schätzen. Er sorgte für eine Wohnung in der Stadt. Die freundschaftliche Verbindung zum Ehepaar Vogel war für Anna ein Trost in dieser schwierigen Zeit. Es tat gut, einen Kirchenmann zu treffen, der Vertrauen zu ihr hatte und sie in ihrer Glaubenshaltung unterstützte. Doch was sollte nun ihre Aufgabe sein?

Immer wieder erinnerte sich Anna an eine entscheidende Begegnung in Branderoda. Dr. Ziemann hatte ihre Arbeit immer sehr gewürdigt. Wenige Wochen, nachdem er im Ort evangelisiert hatte, meldete er sich bei Anna zum Besuch an. Man habe etwas Wichtiges mit ihr zu besprechen, sagte er. Er kam in Begleitung von Friedrich Wilhelm Baedeker. Die Dorfbewohner verdrehten die Hälse, als die Kutsche mit den beiden Männern im Frack auf der Landstraße daherkam. Anna hatte schon viel von Baedeker gehört. Er kümmerte sich als Evangelist vor allem um Gefangene in Russland und in Asien. Sie hatte ihn auch bei der Keswick-Konferenz sprechen hören. Ähnlich wie in Mildmay versammelten sich dort Christen unterschiedlichster Konfessionen, um gemeinsam vor Gott zu stehen. Das Motto dieser Treffen lautete „Unum corpus sumus in Christo" (Ein Leib sind wir in Christus). Das hatte Anna immer sehr angesprochen.

Bei diesem Besuch in Branderoda erzählte ihr Baedeker davon, dass eben diese Worte das Motto seines Lebens waren. Anna hörte beeindruckt, wie jener gelehrte Mann in London bei einer Versammlung mit dem bekannten Evangelisten Lord Radstock seine Lebenswende erfahren hatte. Als „ein stolzer deutscher Ungläubiger" hatte er wiederholt die Evangelisationsversammlungen von Lord Radstock besucht. Doch eines Abends verließ er nach einem seelsorgerlichen Gespräch mit dem Evangelisten die Versammlung „als ein gedemütigter, gläubiger Jünger des Herrn". Wenig später erlebte er zu seiner Freude, dass auch seiner Frau, die wie er bisher nichts mit dem Christlichen hatte anfangen können, „derselbe teure Glaube" zuteilwurde.

Anna und die beiden Männer sprachen lange miteinander. Erfreut stellten sie fest, dass sie auf der gleichen geistlichen Basis standen. Als Anna von ihren schönen Erfahrungen im Freundeskreis von Professor Christlieb in Bonn erzählte, merkten die Männer auf. Christlieb hatte sich in den vergangenen Jahren schon sehr um die Ausbreitung des Allianzgedankens in Deutschland verdient gemacht. Anna erinnerte sich immer wieder gerne daran, wie der Professor seinen Studenten anschaulich seinen Namen vorstellte. „Mein Name ist Christlieb, und das soll auch mein Programm sein, denn Christus lieben ist besser als alles Wissen", pflegte er zu sagen. Mit dieser kleinen Episode erheiterte Anna ihre Gäste. Die beiden Männer fühlten sich in ihrem Vorhaben bestärkt und weihten Anna nun in ihre Pläne ein. Sie sprachen mit ihr über die Anfänge der Allianz in Deutschland.

Schon im August 1846 hatte sich in London eine Organisation mit der Bezeichnung „Evangelische Allianz" gegründet. Eine Allianz, ein Bund sollte das sein, um die brüderliche Liebe unter allen Jüngern von Jesus zu fördern. Anna wusste davon. Sie hatte auch von der ersten Konferenz der internationalen Allianz in Deutschland gehört. Der von ihr verehrte König Wilhelm IV. von Preußen, inzwischen Kaiser Wilhelm I., hatte damals die internationalen Gäste empfangen. Das alles war Anna nicht neu. Diese Dinge interessierten sie, seit sie aus Schottland zurückgekehrt war, seit damals, als sie ihr Leben Gott versprochen hatte.

Gemeinsam beklagten sie nun in ihrem langen Gespräch, dass die Sache der Allianz in Deutschland nur geringe Fortschritte gemacht hatte. Dann kamen die Männer zur Sache. Sie waren aus einem bestimmten Grund zu Anna gekommen. „Sie haben schon oft die Konferenzen in Mildmay und Keswick besucht", sagte Ziemann.

Davon konnte Anna mit Begeisterung sprechen.

„In Deutschland gibt es etwas Derartiges noch nicht. Könnten Sie sich vorstellen, zu so einer Konferenz in Deutschland einzuladen?", fragte Dr. Baedeker.

Anna erbat sich eine Bedenkzeit. Noch konnte sie sich nicht ausdenken, wie das gehen sollte. Aber in ihrem Herzen war sie begeistert. Ja, das wünschte sie sich für Deutschland. Das entsprach so ganz ihrer Person. Sie war von klein auf durch verschiedene Konfessionen geprägt worden. Sie hatte viele Länder bereist und verschiedene Völker kennengelernt. Überall waren Menschen, die sich ganz an Christus ausgeliefert hatten. Wie viele Menschen könnten durch so eine Konferenz gesegnet werden! Aber war sie als Frau wirklich in der Lage, so etwas in Angriff zu nehmen? Sie wollte zunächst deswegen beten. Gottes Wille sollte geschehen.

15. Die Villa Greifenstein

Man schrieb den 11. Januar 1886. Der Kaufvertrag war unterschrieben. Nun hatte Anna wieder eine klare Perspektive. Es war ein Wunder, dass sie dieses Grundstück gefunden hatte. Da passte einfach alles. Genauso hatte sie sich das vorgestellt: ein Haus in der Mitte Deutschlands, in wunderbarer Umgebung. Anna schaute vom Berg hinunter. Das Schwarzatal hatte sich tief in die Thüringer Berge eingegraben. Hier in der Stadt traf es mit dem Rinnetal zusammen. Hinter dem Haus stieg der Berg steil zur Burg Greifenstein an, die früher auch Blankenburg genannt wurde und der Stadt ihren Namen gegeben hatte. Jetzt stand dort nur noch eine Ruine. Streuobstwiesen am Hang und viel Grün machten Lust auf geruhsame Spaziergänge. Das Grundstück erhob sich terrassenartig über der Stadt. Etwas unterhalb erblickte Anna den Kirchturm. Dazwischen sah sie das alte Fröbelschulhaus. Hier hatte Friedrich Fröbel vor fast fünfzig Jahren den weltweit ersten Kindergarten gegründet. Noch weiter unten duckten sich die Häuser der Stadt ins Tal.

Kirche und Rathaus waren nach einem Brand vor über hundert Jahren wieder aufgebaut worden. Auf der anderen Seite des Tales, am Eingang zum Schwarzatal, war ein nobles Villenviertel entstanden. Seit 1840 herrschte hier in Blankenburg (erst ab 1911 *Bad* Blankenburg) ein reger Kur- und Badebetrieb. Das milde und doch erfrischende Klima und die Kaltwasserheilanstalt zogen vornehme Gäste aus ganz Deutschland in den kleinen Ort und veränderten seinen Charakter. Zu den rund 5000 Einwohnern kamen jährlich Tausende Kurgäste. Am gegenüberliegenden Hang ging es steil hinauf zur Saalfelder Höhe. Die auslaufenden Berge des Thüringer Waldes bildeten am Horizont eine anmutige Linie.

Zur Villa gehörte ein riesiges Grundstück. Hier wollte Anna Gottes Reich bauen. Sie hatte lange im Gebet darum gerungen. In Weißenfels hatte sie sich so verlassen gefühlt. Immer wieder hatte sie nach Gottes Willen gefragt. Die Enttäuschung über die Vertreibung aus Branderoda schmerzte sie immer noch.

Nun sollte hier in Blankenburg ihre neue Heimat sein. Sie konnte es noch nicht fassen, wie sich die Wege geebnet hatten. Das war Gottes Führung, das war Gebetserhörung gewesen! Über Umwege hatte sie erfahren, dass Dr. Hermann Hartlaub seine Villa verkaufen wollte. Sie kannte ihn noch aus der Zeit in Neuwied. Er hatte sich inzwischen hier niedergelassen. Im Alter wollte er aber wieder nach Schlitz im Vogelsberg ziehen, wo er geboren war.

Das Anwesen in Blankenburg sollte verkauft werden. Doch Dr. Hartlaub stellte eine Bedingung: Dieser Besitz sollte in besonderer Weise dem Reich Gottes dienen. Der neue Eigentümer sollte jemand sein, der sich dem Dienst für Gott verschrieben hatte. Hartlaubs Tochter, die sich um den Verkauf kümmerte, hatte zunächst sehr über diese Vorgabe gestöhnt. Wie sollte sie jemanden finden, der in Blankenburg etwas für das Reich Gottes tun wollte? Sie wusste, wie sehr ihr Vater darunter litt, dass hier so wenig Interesse für den Glauben bestand. Wie hatte ihr Vater im Gebet gerungen, dass Gott die Menschen aufwecke und die Herzen ihm zuwende! Ganz Thüringen galt als Gebiet, in dem der Glaube keine große Rolle spielte. Der Domprediger von Halle sollte Thüringen als „zwiefach erstorben" bezeichnet haben. Und ein Theologieprofessor in Kiel meinte: „Thüringen scheint alle Kraft des Geistes mit einem Mal an seine zwei großen Söhne Luther und Bach ausgegeben zu haben."

Hermann Hartlaub wohnte seit 1870 am Hang des Greifensteinberges. Er betete für einen neuen Eigentümer und für die Stadt Blankenburg. Anna sagte später einmal, dass ihr ganzes Werk wie ein Samenkorn aus der

Gebetskammer eines alten, frommen Mannes hervorgegangen sei. Bei so viel Übereinstimmung wurde man sich nun schnell einig und konnte den Kaufvertrag aufsetzen. 12000 Mark sollte Anna für die „Villa Greifenstein" an der Esplanade mit dem schönen großen und stillen Garten bezahlen. Am 1. April 1886 übernahm Anna das Haus offiziell. Sie zahlte zunächst 3500 Mark an die Tochter, der Rest sollte später beglichen werden. Dr. Hartlaub war inzwischen bereits verstorben.

Konferenzhaus, erbaut 1889

Schon im März machte sich Anna auf den Weg nach Blankenburg. Die Kunde von ihrem Umzug war ihr vorausgeeilt. In der gehobenen Gesellschaft von Thüringen gab es viele Leser der illustrierten Wochenzeitschrift „Daheim". „Hans Tharau kommt nach Thüringen", diese Nachricht wurde unter der Leserschaft zum allgemeinen Gesprächsthema. Besonders in der kleinen Landeshauptstadt des Fürstentums Schwarzburg, in Rudolstadt, fühlte man sich geehrt. Man erwartete sich viele Impulse für das gesellschaftliche Leben und wollte die Schriftstellerin gerne aufnehmen. Vom Fürstenhaus Schwarzburg-Rudolstadt persönlich erhielt Anna eine Einladung: Noch bevor sie nach Blankenburg kam, sollte sie Station in Rudolstadt machen. Das tat sie gerne, zumal sie dort für die letzte kurze Strecke mit der Eisenbahn sowieso umsteigen musste.

Anna sprach später noch oft über den herzlichen Empfang. Am Bahnhof von Rudolstadt begrüßte sie Generalsuperintendent Trauvetter höchstpersönlich. Anna hatte sich wohl vorher erkundigt. Sie wusste, dass er nicht unbedingt ein Anhänger der historisch-kritischen Theologie war. Das machte ihr Mut. Sie erwartete, dass er ihre Pläne wohlwollend begleiten würde. Trauvetter lag die Botschaft Luthers näher als die liberale Theologie. Er legte viel Wert auf seine Konfession.

Am fürstlichen Hof wurde Anna als Dame von Stand empfangen und als gefeierte Schriftstellerin gebührend gewürdigt. Der Kontakt zum Fürstenhaus blieb auch in den folgenden Jahren erhalten. Später besuchten die Prinzessinnen Anna in Blankenburg.

Am 14. März war es dann so weit. Anna bezog die Villa Greifenstein. Sie hatte genaue Vorstellungen. Dieses Haus sollte ganz Gott geweiht sein. Hier wollte sie „den Namen Jesu verherrlichen durch Aufnahme elternloser Kinder und durch die Verkündigung des Evangeliums an die Verlorenen". Hier sollte auch Raum für Menschen sein, die in christlicher Umgebung Erholung suchten, besonders für erschöpfte Reichsgottesarbeiter.

Die Zwillinge Heinrich und Fritz halfen beim Einzug. Aus den kleinen Jungen waren gestandene Männer geworden. Fritz war inzwischen mit seiner Pauline verheiratet. Doch er kam so oft wie möglich, um zu helfen. Er blieb Anna zeitlebens dankbar verbunden und unterstützte sie nach Kräften. Auch aus Heinrich war mit seinen dreißig Jahren ein ansehnlicher Mann geworden, der kräftig zupacken konnte. Anna sah ihre Pflegesöhne gerne. Aus ihnen war etwas geworden.

Beim Einzug wurde wieder einmal Annas Tatkraft sichtbar. Sie legte fleißig mit Hand an, ohne sich zu schonen. So tapezierte sie die Wände des Hauses und war vom frühen Morgen bis in die Nacht am Werk. Mit ihr zog auch Carl, der kleine Junge aus Branderoda, in die Villa ein. Seine Mutter hatte sich immer weniger um ihn gekümmert. Nun wollte Anna ihm eine gute Mutter sein.

„Was sind Reichsgottesarbeiter?", fragte Carl, der inzwischen fast fünf Jahre alt war. Anna schaute ihn liebevoll an. Sein schmales Gesicht wurde von dunkelbraunen Haaren umrahmt. Anna hatte ihm ein Matrosenhemd angezogen. Darin wirkte er noch schmächtiger. Irgendwie spürte der Kleine, dass hier wichtige Dinge entschieden wurden. Darum war er froh, dass er immer in der Nähe seiner Mutter sein durfte. Während die Erwachsenen mit dem Renovieren des Hauses beschäftigt waren, hatte er schon den großen Garten erkundet. Er fühlte sich bei Anna so geborgen, dass er sie gerne Mutter nannte. An seine leibliche Mutter in Branderoda dachte er nur noch selten.

„Weißt du", erklärte Fritz dem Kind, „manche Männer sind viel unterwegs, um den Menschen von der Liebe Gottes zu erzählen und sie aus ihrem verkehrten Leben herauszuholen. Sie reisen von einem Ort zum anderen. Das kostet sie viel Kraft. Wo sollen sich diese Männer mal ausruhen? Bisher gibt es keinen Ort, wo sie neue Kräfte schöpfen können. Aber hier haben wir ja viel Platz, und Blankenburg ist ein hervorragender Ort, um gesund zu werden. Viele Menschen kommen hierher, um sich behandeln zu lassen. Dann können die Männer auch bei uns wohnen und mit uns die Bibel lesen und beten."

In einem angeregten Gespräch ging es darum, wie Anna sich in Blankenburg einrichten wollte, und vor allem, wie sie einen Zugang zu den Menschen finden könnte.

„Villa Greifenstein", überlegte Heinrich. „Auf jeden Fall sollte das Haus einen anderen Namen bekommen." Er meinte, dass die armen Leute sonst Vorbehalte haben und einen Bogen um das Haus der adeligen Dame machen könnten. Daran hatte Anna auch schon gedacht.

„Aber wir können doch keine Kirche aufmachen", wendete Fritz ein.

„Nein, das wollen wir ja auch nicht. Ich habe schon geplant, als Nächstes den Pfarrer aufzusuchen. Vielleicht unterstützt er uns ja. Aber wir könnten doch ‚Christliches Vereinshaus' sagen? Was haltet ihr davon?", fragte Anna.

„Das finde ich gut", antwortete Fritz, „es gibt ja viele Vereine. Da kann jeder hingehen, ob er nun zur Kirche gehört oder nichts davon hält."

Für Anna war diese Frage noch nicht ganz gelöst. Darüber wollte sie noch weiter nachdenken. Auf jeden Fall musste ein neuer Name für das Haus gefunden werden. „Christliches Vereinshaus", das war fürs Erste keine schlechte Idee. Nun ging es darum, die Menschen hierher einzuladen.

„Auf jeden Fall sollten die Leute mitbekommen, was wir hier tun. Ich habe eine Idee: Wir sollten einfach die Fenster offen stehen lassen", schlug Heinrich vor.

„Oh ja, wir rechnen mit der Neugier der Leute. Von hier aus schallt es sicher über die Dächer der Stadt, wenn wir unser Morgenlob anstimmen. Musik ist einladend. Das Sprichwort lautet doch: ‚Wo man singt, da lass dich ruhig nieder ...'", stimmte Fritz ihm zu.

Anna war sich sicher, dass die beiden jungen Männer mit ihren schönen Stimmen dem Haus alle Ehre machen würden. Sie hatte von klein auf viel mit den beiden gesungen.

Darum fand Anna den Vorschlag mit den offenen Fenstern fürs Erste sehr gut. Sie hatte gehört, dass die Leute in Thüringen recht sangesfreudig sein sollten. So erklangen am Morgen und am Abend die Stimmen von Anna und ihren Hausgenossen über die Stadt im Tal. In den Chor mischte sich bald auch die helle Sopranstimme von Lina Unbehaun. Sie war als Haushälterin eingestellt worden. Damals konnte noch niemand ahnen, dass sie Annas Stütze in aufregenden Tagen sein würde.

Die offenen Fenster und der Gesang zeigten Wirkung. Tatsächlich fanden sich bald etliche sangesfreudige Blankenburger im Vereinshaus ein.

Für den kleinen Carl war alles neu und ungewohnt. Zur Sicherheit blieb er lieber immer in Annas Nähe. Die war jedoch voller Tatendrang. Jeden Tag ging sie in den Ort. Auf dem Marktplatz sprach sie die Frauen an. Viel besaßen die Arbeiterfrauen nicht. Anna konnte schon an ihrer Kleidung erkennen, dass sie arm waren. Sie zeigte Verständnis für ihre Lage und lud sie zu Mütterabenden ins Christliche Vereinshaus ein. Schnell wurde ihr jedoch klar, dass die Frauen Mühe hatten, einfach einen Abend von zu Hause wegzugehen. „Aber bringen Sie doch Ihre Handarbeiten mit", ermutigte sie sie zum Kommen.

Tatsächlich fanden sich jede Woche mehr Frauen zum Mütterabend im Wohnzimmer des Vereinshauses ein. Während sie nähten, strickten oder stickten, hielt Anna ihnen eine Bibelstunde. Sie las ihnen aus der Bibel vor und erklärte mit einfachen Worten, was das für das tägliche Leben zu bedeuten hatte. Doch Anna wollte noch mehr. Da sie selbst gerne sang, machte sie die Besucher des Vereinshauses bald mit Neuem bekannt. Von ihren Reisen nach England und Schottland hatte sie viele neue Lieder mitgebracht. Manche musste sie erst übersetzen, andere waren schon bei verschiedenen Großveranstaltungen auf Deutsch gesungen worden. Die Blankenburger Frauen mochten diese Lieder. Schon bald sangen sie fröhlich mit. Manchmal, wenn Anna durch die Stadt ging, hörte sie aus einem der Fenster eine Frauenstimme, die bei der Arbeit vor sich hin summte. Dann freute sie sich. Diese Lieder sprachen ihr aus dem Herzen und sie hatten offensichtlich auch die Herzen der Frauen erreicht. Was für ein Segen!

Anna sah immer, wo Hilfe nötig war. Es war ihr ein Bedürfnis, für andere da zu sein. Da kamen ihr die guten Beziehungen zu den verschiedenen gesellschaftlichen Schichten gerade recht. Als sie die Leiterin einer Stofffabrik im benachbarten Langewiesen kennenlernte, scheute sie sich nicht, um Hilfe zu bitten. Mit Frau Rinnebach konnte Anna vereinbaren, aus ihrer Fabrik Stoffe zum Fabrikpreis zu beziehen. Das war eine Freude für die Blankenburger Frauen! Jetzt hatten sie Stoffe zum günstigen Preis und einen Platz zum gemeinsamen Nähen! Die frohe Atmosphäre bereitete den Boden für die gute Botschaft, die Anna gleichzeitig vermittelte.

„Geht deine Frau auch immer in dieses neue Vereinshaus?", fragte mancher Einwohner von Blankenburg den anderen. „Ich möchte wissen, was dort passiert. Sie lässt sich diesen Mütterabend nicht ausreden", mochte die Antwort sein. So kam es, dass irgendwann auch Männer zu den Versammlungen im Vereinshaus auftauchten.

„Stellt euch vor, gestern haben drei Frauen ihren Mann zum Mütterabend mitgebracht. Ich halte es nicht für gut, wenn ich als Frau den Männern die Bibel auslege. In Notfällen kann das schon einmal so sein. Aber wir müssen uns da etwas einfallen lassen", beriet sich Anna mit Heinrich.

„Wie gut, dass wir eine Ausbildung in Chrischona absolviert haben. Ich kann doch an den Abenden eine Ansprache an die Gäste aus der Stadt halten", meinte er. „Und dann können wir auch die anderen Männer einladen, die wir in der Stadt schon angesprochen haben", fügte er hinzu.

Von da an lud Anna jeden Sonntagabend zur Bibelstunde ins Vereinshaus ein. Heinrich oder auch Fritz, wenn er gerade zu Gast war, hielt eine Ansprache und dann wurden die beliebten Evangeliumslieder gesungen. Die weichen, einschmeichelnden Melodien waren gerade das Richtige für die Menschen, die sonst so hart arbeiten mussten. Es waren Lieder, die zur Umkehr riefen, zu einem Leben mit Gott. Sie drückten etwas aus von der tiefen Sehnsucht der Menschen, endlich anzukommen, ein Zuhause zu finden. Hier kam auch Annas dichterische Begabung zum Zuge. Es war ihr eine Freude, die bekannten Lieder aus dem Englischen zu übersetzen oder ganz neue zu schreiben.

Leuchtend strahlt des Vaters Gnade
Leuchtend strahlt des Vaters Gnade aus dem obern Heimatland,
doch uns hat er anvertrauet Rettungslichter längs dem Strand.

Refrain: Lasst die Küstenfeuer brennen, lass sie leuchten weit hinaus, denn sie zeigen manchem Schiffer sicherlich den Weg nach Haus.

Unser Weg war fern vom Lichte,
unser Herz in Schuld und Qual,
doch aus Jesu Angesichte leuchtete der Liebe Strahl.

Dunkel ist die Nacht der Sünde,
schaurig klingt der Wogen Lied,
manches Auge sucht voll Sehnsucht,
ob's am Strande Lichter sieht.

Jesus hat uns ausgesendet,
wie der Vater ihn gesandt.
Dass die Liebe Gottes strahle,
da wo man ihn nicht gekannt.

Lass dein Licht doch nicht verlöschen,
sonst vielleicht zu dieser Stund,
weil es nicht den Hafen findet,
sinkt ein Schifflein auf den Grund.

Für den kleinen Carl sollte bald viel Abwechslung ins Haus kommen. Anna wollte nicht nur die Mütter erreichen. „Ich brauche eure Hilfe", sagte sie zu Heinrich und Lina. „Ihr wisst, wie sehr mir die Kinder am Herzen liegen. Ich möchte sie zur Sonntagsschule einladen. Sie spielen so allein auf der Straße und oft wissen sie nicht, was sie tun sollen. Am Sonntagnachmittag ist eine gute Zeit, sie einzuladen. Die Kinder können nicht früh genug von der Liebe Gottes hören und auf den rechten Weg geleitet werden."

„Liebe Mutter, dann machen wir es wie in Brande-roda! Wir haben von dort ja schon Erfahrung in der Sonntagsschularbeit!", erwiderte Heinrich. Mit Carl zusammen zog er nun durch die Stadt und machte die jüngsten Einwohner neugierig auf einen Besuch der Villa oberhalb der Kirche. Lina wusste, dass sie dann das große Zimmer im Vereinshaus für viele kleine Gäste herrichten musste.

Die Zeit mit den biblischen Geschichten und den schönen Liedern war bei den Kindern der Stadt bald sehr beliebt. Der Sonntagnachmittag gehörte ihnen. Damit war die Grundlage für ein segensreiches Wirken im Ort gelegt. Es dauerte nicht lange, da baten die ersten Besucher des Vereinshauses um ein Gespräch mit Anna. Sie wollten ihr Leben ganz Gott übergeben.

16. Schwierige Nachbarschaft

Gleich in den ersten Tagen nach dem Einzug in der Villa Greifenstein machte sich Anna auf den Weg den Berg hinunter ins Pfarrhaus. Dort amtierte Ortspfarrer Friedrich de Harde. Er galt als hochbegabter, aber ehrgeiziger und temperamentvoller Geistlicher. Er war der Sohn einer Bremer Seefahrerfamilie und er war es gewohnt, sich durchzusetzen. Der große, blonde Mann war keine einfache Persönlichkeit. Nach einem schweren Unfall wurde es immer schwieriger, mit ihm auszukommen. Er war leicht erregbar. Aber er war auch ein Mann, dem Bildung und lebendiger Glaube wichtig waren.

Anna erhoffte sich eine gute Zusammenarbeit mit ihm. „Sehr geehrter Herr Pfarrer, ich möchte mich bei Ihnen vorstellen", eröffnete sie das Gespräch. „Ich bin Anna Thekla von Weling, ein Mitglied dieser Kirche, und wohne ganz in Ihrer Nachbarschaft. Die Villa Greifenstein soll in Zukunft ein christliches Vereinshaus werden. Ich hoffe, dass wir gedeihlich zusammenarbeiten werden."

Pfarrer de Harde hatte schon vom Generalsuperintendenten gehört, dass die Schriftstellerin im Haus unter der Anschrift An der Esplanade einziehen würde. Nun stand sie also vor ihm. Er sah eine Frau Ende vierzig, die Haare schon leicht ergraut, in vornehmer, aber nicht prunkhafter Kleidung. Die Haare hatte sie zu einem Zopf geschlungen. Ihre Augen schauten ihn mit klarem Blick an.

Schlagartig wurde dem Pfarrer klar, dass er es mit dieser Frau nicht leicht haben würde. Sie wusste, was sie wollte, das erfasste er sofort. Wenn es ihm gelingen würde, sie in die Arbeit in seiner Kirchengemeinde einzubinden, könnte das eine große Hilfe sein. „Ich heiße Sie herzlich willkommen unter den Einwohnern von Blankenburg. Ich freue mich, dass nun eine so bekannte Schriftstellerin zu unserer Gemeinde gehört. Aber ich verstehe noch nicht, warum wir zusammenarbeiten sollten", erwiderte er.

Damit hatte Anna genau den Einstieg gefunden: „Mir liegt das Reich Gottes am Herzen. Ich möchte den Menschen die Botschaft von Gottes rettender Liebe bringen. Mein Haus soll ein Zentrum für diese Arbeit werden."

„Aber in unserer Kirche wird jeden Sonntag von diesem Gott gesprochen. Jeder Einwohner kann zu den Gottesdiensten kommen. Mir ist es wichtig, dass von der Kanzel klar über Gott gesprochen wird", setzte er entgegen.

„Das höre ich gerne. Kommen denn die einfachen Leute zum Gottesdienst? Ich hörte, dass immer weniger Menschen sonntags den Weg in die Kirche finden. Ich möchte mich denen widmen, die sich für das Evangelium verschlossen haben. Sehen Sie denn nicht die Frauen auf der Straße, die Männer im Wirtshaus? Die Moral verfällt. Die Arbeiter in den Fabriken wenden sich neuen Strömungen zu, die sie vom Glauben fernhalten wollen. Wir können doch nicht zusehen, wie die Menschheit verloren geht!" Anna begann sich zu ereifern. Wie konnte man nur damit zufrieden sein, dass jeden Sonntag ein Gottesdienst stattfand?

„Ja, Sie haben recht. Ich habe mir auch schon überlegt, was man für diese Menschen tun könnte. Aber bisher ist mir noch keine zündende Idee gekommen. Lassen Sie uns in Verbindung bleiben", sagte der Pfarrer. Mit dieser Frau von Weling würde er wohl in Zukunft noch öfters zu tun haben. Im Unterschied zu vielen anderen Kritikern oder Kirchenfeinden war sie eine gebildete Frau. Das wusste er zu schätzen.

Pfarrer de Harde wollte zunächst sehen, wie sich dieses Vereinshaus entwickelte. Er konnte sich nicht vorstellen, dass die einfachen Arbeiter aus der Stadt sich zu Versammlungen einladen ließen. Gegen niveauvolle Veranstaltungen für das gehobene Bürgertum hätte er nichts einzuwenden. Das würde dem Städtchen mit seinen vielen Kurgästen sicher guttun. Aber was würde Frau von Weling anbieten? Als Anna ihn verließ, hatte er mehr Fragen als Antworten, wie sich die Sache entwickeln würde. Er beschloss, die neue Nachbarin demnächst zu besuchen.

Zu seinem Erstaunen musste er feststellen, dass die Arbeiterfrauen an manchen Abenden scharenweise die Stufen hinauf zur Esplanade gingen. Diese von Weling schien tatsächlich die Frauen zu erreichen. Er ließ sich erzählen, dass während der Handarbeitsstunden die Bibel ausgelegt wurde. Das wollte er genauer wissen.

So kam es, dass Pfarrer de Harde an einem Montagvormittag an die Haustür klopfte. Nach der höflichen Begrüßung hielt er mit seinen Fragen nicht hinter dem Berg. „Fräulein von Weling, ich habe gehört, dass Sie in Ihrem Haus Bibelstunden abgehalten haben", begann er das Gespräch.

„Aber das habe ich Ihnen doch mitgeteilt. Ich möchte die Menschen mit dem Wort Gottes erreichen. Ich kann es nicht ertragen, dass sie ohne Gott verloren gehen. Nur so können sie aus ihrem verkehrten Leben gerettet werden", erwiderte Anna erstaunt.

„Ihr Anliegen kann ich nur unterstützen. Aber Sie dürfen nicht vergessen, dass ich das geistliche Oberhaupt der Stadt bin", versuchte der Pfarrer seine Empörung zu verbergen.

Anna musste ebenfalls an sich halten, um nicht unbedacht zu antworten. Mit Widerspruch von dieser Seite hatte sie nicht gerechnet. „Herr Pfarrer, ich kann Ihnen versichern, dass ich nichts tun werde, was Ihre Autorität untergräbt", versuchte sie zu beschwichtigen.

Doch Friedrich de Harde wollte sich damit nicht zufriedengeben. „Lassen Sie uns das festmachen. Ich möchte gerne einen Vertrag mit Ihnen schließen. Alles soll seine Ordnung haben. Nächste Woche kommt der Generalsuperintendent Trauvetter nach Blankenburg. Er wird einen Vertrag aufsetzen. Bitte kommen Sie am Mittwoch in mein Büro", sagte er mit Nachdruck.

Anna war noch neu in der Stadt, sie wollte keinen Streit mit dem Pfarrer. Darum sagte sie zu. Als sie dann in der folgenden Woche ins Pfarrhaus kam, wurde sie schon von den beiden Männern erwartet. Der Generalsuperintendent hatte den Vertrag bereits aufgesetzt. Anna setzte sich, um in Ruhe zu lesen, was von ihr gefordert wurde. Eigentlich hatte sie ganz andere Dinge im Kopf. Sie hatte zahlreiche Einladungen für eine erste Allianzkonferenz verschickt. Da konnte sie keinen Streit mit der Kirche gebrauchen. Sie las: „Fräulein von Weling und ihre Mitarbeiter schließen sich der evangelisch-lutherischen Landeskirche des Fürstentums Schwarzburg-Rudolstadt an, indem sie versprechen, die Gottesdienste derselben zu besuchen und an der Sakramentsfeier teilzunehmen. Sie verpflichten sich, Amtshandlungen im Sinne unserer Kirche wie Taufen, Trauungen, Beerdigungen usw. nicht vorzunehmen, sondern im Bedürfnisfalle den Pfarrer der Gemeinde anzugehen."

Anna überlegte. Sie hatte nicht vor, aus der Kirche auszutreten. Der sonntägliche Kirchgang war ihr gute

Gewohnheit von Kindheit an. Viel lieber hätte sie zwar einer Kirche in Schottland angehört, aber sie lebte nun mal nicht dort. Also stand ihr nur diese Kirche zur Verfügung. Sie hatte auch nicht vor, einer Freikirche beizutreten. „Das ist doch alles nicht so wichtig", versuchte sie den geistlichen Herren zu erklären, „die Kirche ist doch nur die äußere Form. Wichtig ist doch, dass man sich von Gottes Geist erfüllen lässt."

Die Männer schauten sich an. Diese Frau hatte ihre eigenen Ansichten. Genau so hatten sie es befürchtet. Sie könnte die ganze kirchliche Ordnung durcheinanderbringen. Es war wichtig, dass sie diesen Vertrag unterschrieb.

Anna dachte indes laut weiter: „Aber warum sollte ich Ihnen das nicht unterschreiben? Ich werde immer ein Glied dieser Kirche bleiben. Wie sehr wünsche ich mir, mit Ihnen gemeinsam den Unglauben zu besiegen. Wenn es für Sie wichtig ist, diesen Punkt kann ich leicht unterschreiben."

Aber sie hatte kein gutes Gefühl dabei. Insgesamt vier Punkte enthielt der Vertrag. Sie sollte ihre Versammlungen nicht zur Gottesdienstzeit abhalten. Das hatte sie auch nicht vor. Sie sollte keine sektiererischen Bestrebungen unterstützen – was dachten diese Männer von ihr? Das kam sowieso nicht infrage. Die von ihr angestellten Evangelisten sollten sich ebenfalls den Ordnungen der Kirche unterstellen. Anna konnte nicht so recht verstehen, warum das so sein sollte, sah aber auch nichts, was dagegensprach. Außerdem sollte sie Geistliche oder Laien, die nicht einer deutschen evange-

Anna von Weling

lischen Landeskirche angehörten, nur mit Zustimmung des Ortspfarrers sprechen lassen.

Dafür müsste sie sich mit Pfarrer de Harde gut abstimmen. Sie mochte ihn zwar nicht so besonders, er war ihr zu bestimmend und zu aufbrausend, aber er kam dennoch ab und zu ins Vereinshaus und hatte Interesse an Annas Vorhaben. Erst vor einigen Wochen hatte sie ihm die Idee einer Glaubenskonferenz vorgestellt. In den Gesprächen hatte Anna von ihren Erlebnissen bei der Keswick-Konferenz geschwärmt. „Was würde das für einen Segen über Blankenburg bringen, wenn in unserer Stadt Christen aus verschiedenen Ländern jeweils in ihrer Art Gott loben, beten und die Bibel lesen", mit diesen Worten hatte sie ihn locken können.

Nach diesem Gespräch hatte Anna zahlreiche Einladungen an Persönlichkeiten der Allianz verschickt. Nun wartete sie auf die Antworten. Schon Ende des Monats sollte das erste Treffen stattfinden. Pfarrer de Harde wollte sich auch beteiligen. Anna war sich nicht ganz im Klaren darüber, ob er nur aus Neugier dabei sein wollte. Oder meinte er, dass er damit auch in aller Welt bekannt werden konnte? Das alles ging Anna jetzt durch den Kopf. Eines konnte sie jetzt auf keinen Fall gebrauchen: Streit mit dem Pfarrer. Sie überschlug die Kosten und entschied sich zu unterschreiben. Dann eilte sie schnell wieder die Treppen zur Esplanade hinauf.

17. Absagen und Zusagen

Ist die Post schon eingetroffen?", fragte Anna, als Heinrich ihr im Garten über den Weg lief.

„Ja, ich habe dir die Briefe auf den Schreibtisch gelegt. Es ist ein ganzer Stapel", antwortete er im Vorbeigehen.

Das sah doch gut aus. Sicher freuten sich alle über die Einladung. Seit jenem Besuch in Branderoda stand sie in Verbindung mit ihren Glaubensbrüdern Ziemann und Baedeker. Sie waren sich einig, dass Blankenburg der richtige Ort war, um endlich ihr Vorhaben umzusetzen. Gemeinsam mit den beiden Männern hatte sie überlegt, wen man einladen könnte. Nachdem alle Möbel ihren Platz im Haus gefunden hatten, hatte Anna es kaum erwarten können, die Einladungen zu verschicken. Nun war sie gespannt, wer kommen würde.

Als Erstes öffnete sie den Brief von Baedeker. „Verehrte Schwester im Herrn, wie schön, dass Sie nun alle Voraussetzungen geschaffen haben, um zu einer Glaubenskonferenz einzuladen. Leider ist mir der genannte Termin nicht gelegen. Ich habe bereits einen Vortrag zugesagt. Aber bei der nächsten Konferenz komme ich gerne", stand da in säuberlicher Schrift.

Anna war enttäuscht. Aber da lagen ja noch etliche Briefe. Sie öffnete einen nach dem anderen. Heinrich Ziemann konnte nicht in so kurzer Zeit aus England anreisen. Es war kaum zu glauben: Jeder dieser Briefe enthielt eine Absage. Sollte Gott diese Konferenz doch nicht wollen? Hatte sie sich geirrt? Das konnte sie nicht verstehen. Sie schluckte. Wie gut, dass sie den Grundsatz ihrer Mutter verinnerlicht hatte: Haltung bewahren!

Sie gab sich alle Mühe, ihre Enttäuschung zu verbergen. Doch als Heinrich, Lina und Carl zum Mittagessen kamen, konnten sie Anna ansehen, dass die Briefe keine guten Nachrichten enthielten. „Das kann nicht wahr sein. Warum kommt denn niemand? Wir haben doch so für diese Konferenz gebetet", meinte Heinrich. Er hatte den besten Überblick über das Haus, Anna hatte ihn als Hausvater angestellt.

„Ich halte daran fest, dass Gott die Einheit seiner Kinder will", sagte Anna entschlossen. Beim zweiten Lesen war ihr aufgefallen, dass sich niemand gegen die

Konferenz ausgesprochen hatte. Im Gegenteil, fast alle ermutigten sie, für eine nächste Konferenz noch einmal eine Einladung zu verschicken.

Wieder begann Anna zu planen. Mit Dr. Ziemann verband sie eine herzliche Freundschaft. Nun verabredete sie mit ihm den Termin einer Konferenz im Christlichen Vereinshaus. Sie sprachen schon Einzelheiten ab. Das Leben als Christ sollte im Mittelpunkt der Tage stehen. Ziemann sollte der ersten Konferenz als Kurator vorstehen. Als Militärarzt war er ein Mann, der zielstrebig und geradlinig zum Thema kam. Er war dabei gewesen, als im Jahr 1884 in Bonn der „Deutsche Evangelisationsverein" gegründet wurde. Seine Beziehung zu Professor Christlieb war nur eine der vielfältigen Verbindungen, die Anna an ihm schätzte.

Auch Dr. Baedeker wollte Anna unbedingt dabei haben. Von seiner Seite kamen die meisten Anregungen, wen sie zur Konferenz einladen könnte. Obwohl er in vielen europäischen Ländern unterwegs war und besonders in Russland seine Aufgabe als Evangelist sah, lag ihm die Einheit der Christen in Deutschland ganz besonders am Herzen. Er war es, der Anna immer wieder ermutigte.

Auch Anna hatte durch ihre Reisen viele Glaubensgeschwister gefunden. Nur zu gerne wollte sie ihr Haus zur Verfügung stellen. In ihren Gesprächen mit den Zwillingen und Pfarrer de Harde schwärmte sie davon, wie viel diese unterschiedlichen Persönlichkeiten voneinander profitieren könnten. Sie erwartete Gottes besonderen Segen vom Zusammensein der entschieden Gläubigen.

Dann stand es fest: Vom 13. bis zum 15. September 1886 sollte die erste Konferenz im Sinne der evangelischen Allianz stattfinden. Die Einladungen waren verschickt. An einem Dienstagvormittag läutete Pfarrer de Harde an der Tür. Lina, die Haushälterin, öffnete ihm erstaunt. Mit den Worten: „Ich muss unbedingt Fräulein von Weling sprechen, wo ist sie?", stürmte er ins Haus. Lina bat ihn, im Wohnzimmer Platz zu nehmen. Dann trat sie an Annas Schreibtisch und meldete den Besuch an.

Anna nahm sich Zeit. Der Pfarrer sollte merken, dass er sie von der Arbeit wegrief. Sie befürchtete, dass er ihr irgendwelche Vorschriften machen könnte. Aber die Ordnungen der Kirche sollten auf keinen Fall ihre Arbeit mit den Menschen behindern.

Nach kurzem Gruß saßen sich die beiden selbstbewussten Personen gegenüber. Beide waren starke Persönlichkeiten, die es gewohnt waren, ihre Pläne durchzusetzen. De Harde hielt Anna die Einladung zur Konferenz unter die Nase. „Sie haben unterschrieben, dass ich zuerst die Zustimmung gebe, bevor hier jemand spricht, der nicht unserer Kirche angehört. Wen haben Sie für diese Konferenz eingeladen? Kenne ich diese Personen? Ich habe Ihnen keine Erlaubnis erteilt!" Ein ganzer Wortschwall ergoss sich über Anna, sodass sie erst einmal tief durchatmen musste.

„Beruhigen Sie sich doch. Ich hatte noch gar keine Zeit, mit Ihnen über das Programm zu sprechen. Sie können gewiss sein, ich lade niemanden ein, der hier eine Sekte gründen will. Sie kennen mich doch. Mir geht es darum, dass sich die Menschen treffen, die durch den Heiligen Geist Christus ihren Herrn nennen. Sie wissen es – auch außerhalb der Landeskirche gibt es diese Menschen. Ich habe so viele getroffen, die mit ihrem ganzen Einsatz in der Liebe tätig sind. Jesus selbst hat uns geboten, dass wir eins sein sollen. Er sagt, dass die Welt daran erkennen wird, dass wir seine Kinder sind."

Ach, wenn sie ihn doch nicht immer mit Bibelversen belehren würde, dachte der Pfarrer im Stillen. Laut sagte er: „Sie können sich aber nicht einfach über die vereinbarte Ordnung hinwegsetzen. Ich bin dem Generalsuperintendenten Rechenschaft schuldig. Ich kann es nicht verantworten, dass hier alle möglichen Leute sprechen. Das könnte zum Schaden unserer Kirche sein. Wer weiß, welche Lehren sie aufbringen. Auch habe ich etwas dagegen einzuwenden, dass man unsere Kirche beschuldigt, dass hier nur Vernunftglaube gelehrt werde."

Anna versuchte ihr Gegenüber zu verstehen. Gleichzeitig widerstrebte es ihr zutiefst, dass sie ihre Pläne erst von einem Mann absegnen lassen sollte, der noch nie die Allianz der Glaubenden erlebt hatte. „Herr Pfarrer, lassen Sie uns einen Kompromiss finden. Wir widerrufen unsere Abmachung. Gleichzeitig bin ich gerne bereit, Sie bei allen Veranstaltungen als Gast und Ortspfarrer dabeizuhaben. Dann können Sie sich von den guten Inhalten überzeugen, aber Sie müssen sich vor niemandem verantworten", schlug sie vor.

So schnell jedoch wollte sich Pfarrer de Harde nicht überzeugen lassen. Erst nach einem langen Gespräch einigte man sich. Es wurde ein kleines Schriftstück aufgesetzt. Darin stand, dass die Vereinbarung vom 14. Juli in gegenseitigem Einverständnis widerrufen wurde.

18. Die erste Konferenz

Carl war nicht mehr allein in der Villa Greifenstein. Inzwischen waren zwei weitere kleine Jungen bei Anna in das Haus An der Esplanade eingezogen. Alfred und Fritz waren etwas jünger als Carl, sodass er ein wenig auf die beiden Kleinen aufpassen musste. Aber sie verstanden sich prima. Heute war ein besonderer Tag und Carl war völlig aus dem Häuschen. Anna hatte alle drei Jungen schick angezogen. Die langen Haare waren ordentlich geschnitten und gekämmt und die weißen Hemden strahlten. Denn im Vereinshaus wurden Gäste erwartet. Was für eine Aufregung, nicht nur für die Kinder! Die drei Jungen hatten sich einen Platz am vordersten Rand der Terrasse gesucht. Von hier aus konnten sie die Straße gut überblicken. Schon wieder trabte ein Pferdegespann den Berg herauf.

Manche Gäste reisten mit ihrer eigenen Kutsche an. Andere mussten vom Bahnhof abgeholt werden. Das große Wohnzimmer im Erdgeschoss war umgeräumt worden, damit alle Gäste dort sitzen konnten. Lina, die treue Seele, hatte die Speisekammer gut gefüllt. Sie sollte in den nächsten Tagen viel zu tun haben. Die Zimmer im ersten Stock waren für die Mahlzeiten vorgesehen.

Die Kinder bewunderten die vornehmen Pferdekutschen und staunten über die Herren in Frack und Zylinder. „Na, kennst du mich noch? Du bist ja ein großer Junge geworden", sprach jemand Carl an. Es war die Frau von Superintendent Vogel aus Weißenfels, der Anna aufgenommen hatte, als sie Branderoda so plötzlich hatte verlassen müssen. Carl erinnerte sich, dass es bei dieser Frau früher immer so eine leckere Kohlsuppe gegeben hatte. Er begrüßte sie freundlich mit einer Verbeugung, ganz so, wie Anna es ihm beigebracht hatte.

Alfred und Fritz lauschten derweil den Gesprächen der anderen Gäste. Da war ein großer, hagerer Mann mit einem wallenden weißen Bart. Auch er hatte seine Frau mitgebracht. Sie unterhielten sich in einer fremden Sprache. Das musste Englisch sein. Anna hatte schon versucht, den Kindern ein paar Worte dieser Sprache beizubringen. Aber sie waren noch nicht lange genug hier zu Hause, um etwas zu verstehen.

Schon weckte der nächste Gast ihre Aufmerksamkeit. Er fiel den Kindern auf, weil er keinen Zylinder, sondern eine dunkle Kappe trug. Auch er hatte einen langen, buschigen Bart. Am meisten interessierte sie jedoch der viereckige Kasten, den er mitgebracht hatte. Was er da wohl drinhatte? Das wollten sie sehen. Sie folgten ihm ins Haus, wo der Kasten im Wohnzimmer aufgestellt wurde. Als der Deckel geöffnet wurde, kamen die Tasten eines Harmoniums zum Vorschein.

Ernst Gebhardt hatte längst bemerkt, dass die Kinder hinter ihm herschlichen. Er setzte sich an sein tragbares Harmonium und stimmte an: „Die Sonntagsschul ist unsre Lust ..." Das kannten die Kinder. Sie setzten sich vor dem Harmonium auf den Fußboden und sangen fröhlich mit. Im Nu hatte er die Herzen der Kinder erobert. Diesen Mann mochten sie fortan sehr, weil er immer zu einem Spaß aufgelegt war. Ernst Gebhardt war Methodistenprediger und Vorstand des Christlichen Sängerbundes. Anna kannte ihn als Redakteur der Zeitung des Sängerbundes und als Mitarbeiter der methodistischen Kirchenzeitung „Der Evangelist".

Ernst Gebhardt mit den Kindern des Heims in Blankenburg

Insgesamt reisten 28 Gäste an. Mit den Blankenburgern bildeten sie ein bunt gemischtes Publikum: die Zwillingsbrüder Fritz und Heinrich Zeising, fünf Methodistenprediger, Ortspfarrer de Harde, Pfarrer Hager aus Dorfilm, Oberpfarrer Albert Otto W. Büttner aus Kelbra, Superintendent Vogel aus Weißenfels und die Gräfin von Bylandt-Reydt. Besonders freute sich Anna, dass auch Fräulein Toni von Blücher aus Berlin angereist war. Sie hatte in Berlin eine evangelistische Arbeit unter Frauen und Kindern begründet.

Für Anna war jeder Gast wichtig. Sie nahm sich Zeit, um jeden persönlich zu begrüßen und mit ihm zu sprechen. „Wie geht es Ihnen?" und „Wie steht es um Ihre Arbeit für Christus?", das waren häufige Fragen. Dr. Baedeker erwies sich als verbindende Persönlichkeit. Er kannte die meisten der Konferenzbesucher schon vorher persönlich. Manche, so auch Toni von Blücher, waren bei seinen Evangelisationen zum Glauben gekommen.

Um für alle einen Sitzplatz zu haben, wurden lehnenlose Schulbänke ins Wohnzimmer geräumt. Niemand legte Wert auf Bequemlichkeit. Genau so hatte Anna sich das vorgestellt. In der Enge des Wohnzimmers kam jeder mit jedem ins Gespräch. Der persönliche Austausch sollte viel Raum haben. Die Leitung der Konferenz hatte Anna in die Hände von Dr. Ziemann gelegt, der extra aus London angereist war.

Am Montagmorgen begann die Konferenz mit einer langen und ausführlichen Gebetsstunde, die Bruder Baedeker leitete. Diese Aufgabe übernahm er von da an bei allen Konferenzen. „Christliches Leben" hatte Anna gemeinsam mit den Brüdern als Thema über die Tage gesetzt. Am Vormittag des 13. Septembers ging es um die Frage: „Was ist christliches Leben?" Durch die Beiträge zog sich als ein roter Faden die Erkenntnis: Christliches Leben zeichnete sich durch die Erfahrung der Gnade aus, dazu kamen die Liebe und die Gemeinschaft, die der Heilige Geist schuf. Das hatte Paulus schon im zweiten Korintherbrief so aufgeschrieben: „Die Gnade unseres Herrn Jesus Christus und die Liebe Gottes und die Gemeinschaft des Heiligen Geistes sei mit euch allen!" Dieses neue Leben, das man bekam, wenn man sich Gott ganz und gar auslieferte, das war allen Teilnehmern wichtig. Viele weitere Bibelstellen unterstrichen genau dieses Anliegen.

Am Nachmittag ging es dann darum, wie dieses christliche Leben erhalten und gefördert werden konnte. Abends sprach man darüber, was christliches Leben hinderte. Es war nötig, sich immer wieder unter die Hand Gottes zu demütigen, das betonten alle in den Gesprächsbeiträgen. Man erinnerte sich gegenseitig daran, wie peinlich es für die Jünger gewesen sein musste, als Jesus bemerkte, dass sie darüber stritten, wer unter ihnen der Größte sei. So ging der erste Konferenztag in großem Einklang zu Ende.

Am Dienstag wurde in gleicher Weise über die Themen „Scheidung von der Welt", „Arbeit für Gott" und „Das Kommen des Herrn" gesprochen. Alle Teilnehmer waren sich einig: Hier in dieser Runde erlebten sie das, was in der Bibel als die eine heilige Gemeinde bezeichnet wurde. Hier wurde das gelebt, was Jesus sich von seinen Jüngern wünschte. Die Liebe untereinander war größer als alle Lehrunterschiede. Es war möglich, Vorurteile hintanzustellen. Im gemeinsamen Gespräch und Gebet fühlte man sich so eng verbunden, wie es sonst nur in einer Familie sein konnte.

Dr. Ziemann hatte sich sehr für dieses Treffen eingesetzt. Doch selbst er musste sich eingestehen, dass er auch nicht jeden Gast mit der gleichen Unbefangenheit begrüßt hatte. Er hatte bisher immer gewisse Vorbehalte gegenüber Ernst Gebhardt gepflegt. Ziemann, der Militärarzt, hatte wenig Verständnis für einen Sänger. Was konnte so ein „methodistischer Garibaldi" in eine geistliche Versammlung einbringen? Nachdem man drei Tage auf engstem Raum miteinander gelebt, gebetet und auf die Bibel gehört hatte, waren aus den so unterschiedlichen Männern und Frauen Freunde geworden. Die Brücken zwischen den verschiedenen Lehrmeinungen und Konfessionen waren schnell geschlagen, auch wenn dies durch vorhandene Sprachbarrieren nicht immer ganz einfach war.

Anna konnte sich am besten verständigen, sie sprach fünf Sprachen und fungierte gerne als Dolmetscherin. Frau Baedeker konnte zum Beispiel kein Deutsch. Sie verstand zwar recht gut, was gesprochen wurde, doch mit dem Sprechen tat sie sich schwer. Um der Gemeinschaft willen drängte man sie, doch wenigstens ein kurzes Gebet zu sprechen. Da sie ebenso wie ihr Mann Jesus mit ganzem Herzen nachfolgte, ließ sie sich überreden. Sie war eine Beterin, aber eine Engländerin. Ihre Bitte sollte lauten: „Oh Herr, töte meinen alten Menschen!" Was sie sagte, sorgte aber für allgemeine Heiterkeit. Es klang so: „Oh Herr, mache meinen alten Mann tot." Die Gäste waren sich einig, dass Gott sich mit der Erhörung des so ausgesprochenen Gebets noch etwas Zeit lassen sollte.

Carl und seine Freunde hatten nur mit Mühe die langen Sitzungen der Erwachsenen ertragen. Das gemeinsame Singen mit Ernst Gebhardt war ein Ausgleich für die Zeit, in der die Erwachsenen so konzentriert miteinander sprachen. Aber für den letzten Tag der Konferenz war ein Ausflug geplant. Das versprach ein Abenteuer zu werden. Nach der morgendlichen Gebetsstunde und dem Frühstück machte sich die bunte Gruppe mit Proviant auf den Weg. Ziel war der Griesbachfelsen. Von diesem Berg hatte man einen wunderbaren Ausblick ins Schwarzatal sowie auf die gegenüberliegenden Berge mit dem Werra- und dem Saaletal, wo man im Osten die schimmernde Leuchtenburg ausmachen konnte. Ein Theologe namens Griesbach soll dieses schöne Fleckchen Erde entdeckt und für Ausflüge vorgeschlagen haben. Ergriffen von der wunderbaren Aussicht soll Griesbach auf die Knie gesunken sein und ausgerufen haben: „Weit um mich her ist alles Freude; wie schön ist, Schöpfer, deine Welt! Wie prangt in seinem Feierkleide Gebirg und Tal und Wald und Feld!" So erzählte Anna die Geschichte des Felsens.

Die Kinder stürmten in den Wald und kamen doch gerne wieder in die sichere Nähe der Erwachsenen zurück. Die Erwachsenen versanken derweil noch immer in tief gehende Gespräche. Sie bestaunten nicht nur die Schönheit der Natur. „Hier oben auf dem Berg, da stehen unsere Füße auf festem Grund, auf dem Felsen.

Ebenso fest stehen wir im Glauben. Christus ist der Felsen, auf dem wir alle gegründet sind", sagte Anna.

Dann stimmte Ernst Gebhardt ein Lied nach dem anderen an und bald schallte es laut und mehrstimmig über die Wipfel der Bäume. „Fels des Heils, geöffnet mir" war der Text eines neuen Liedes, das Ernst Gebhardt gerade geschrieben hatte. Anna sang besonders gern ein Lied, das sie aus Schottland kannte: „The church's one foundation". „Die Kirche steht gegründet allein auf Jesus Christ", lautete der deutsche Text, den sie später für dieses Lied verfasste und der bis heute in vielen Kirchen gesungen wird.

Dieses Bild begleitete die Teilnehmer der Konferenz noch lange. Auf dem einen Grund zu stehen, das vereinte sie trotz aller Unterschiede. Die erste Allianzkonferenz war Geschichte. Damals dachte wohl niemand daran, dass sich mehr als 100 Jahre später noch immer Menschen in Blankenburg treffen würden, die auf dieser gemeinsamen Basis vor Gott standen.

Langsam zog der Alltag wieder ins Haus An der Esplanade ein. Aber die erste Konferenz bestimmte noch lange die Gespräche im Haus. „So stelle ich mir das Reich Gottes vor. Was kann man sich Schöneres denken als diese Einheit unter den Kindern Gottes?" Dieser Satz war immer wieder zu hören. „Es war wie ein Vorgeschmack des Himmels", mit diesen Worten sprach Heinrich aus, was alle Konferenzteilnehmer empfunden hatten. „Ich werde das nie vergessen, wie wir uns am Abend des letzten Tages alle die Hand gereicht haben.

Diese strahlenden Blicke. Jetzt erst kann ich es aussprechen: Das war evangelische Allianz, wie der Herr sie gemacht hat", schwärmte er weiter.

„Ich habe so profitiert davon, wie Bruder Baedeker das Christenleben beschrieben hat", erzählte Fritz, der ein paar Tage länger blieb, um zu helfen. „Ja, die Gnade Gottes verbindet uns. Da ist keiner besser oder größer als andere. Wir sind alle begnadigte Sünder. Das will ich bei meiner nächsten Bibelstunde noch mal ganz deutlich sagen. Ich werde dafür den Text aus dem zweiten Korintherbrief als Grundlage nehmen."

Heinrich fragte sich laut: „Ich kann nicht verstehen, warum nicht alle Christen diese beglückende Einheit suchen. Man müsste dafür sorgen, dass alle Kirchen und Freikirchen sich auf dieser Basis zusammenschließen. Das wäre doch ein mächtiges Zeichen an die Welt, die nicht glaubt! Wir müssen zusehen, dass wir diese Allianz bauen. Ich will dafür arbeiten", nahm er sich vor.

Doch Anna erinnerte ihn daran: „Die Einheit der Kinder Gottes kann man nicht mit Arbeit erschaffen. Die Bibel sagt, dass sie schon vorhanden ist. Darum werden sich immer nur *Personen* an der Allianz beteiligen. Gott hat uns eins gemacht, als wir Kinder Gottes geworden sind. Dazu muss und kann man nichts hinzufügen. Jeder, der diese Kindschaft angenommen hat, wird auch einen Blick für die anderen Kinder Gottes haben. Das ist wie in einer Familie. Gott macht uns zu Geschwistern, auch wenn wir noch so unterschiedlich sind. Wir können diese Einheit leben, aber wir können sie nicht schaffen", sagte sie.

Heinrich und Fritz nickten. Sie waren dankbar, dass Anna so einen klaren Blick für diese Dinge hatte.

19. Beruf Mutter

Vor Anna lag „Der Reichsbote, die Tageszeitung für das evangelische Deutschland". Sie verfolgte aufmerksam, was in Politik und Kirche passierte. Jetzt hatte sie die Anzeigenseite aufgeschlagen. Sie wollte nicht glauben, was da zu lesen war: Da wurde ein kleiner Junge angeboten. Er hieß Albert. Man hatte ihn in Pommern auf der Landstraße gefunden. Er war gerade vier Jahre alt. Nun wurden in einer Anzeige „barmherzige Menschen" gesucht, die sich um ihn kümmerten.

„Wie kann man ein Kind nur so alleinlassen? Ich werde mich sofort darum kümmern, dass Albert hier bei uns einziehen kann", teilte sie am Mittagstisch ihrer kleinen Hausgemeinschaft mit.

Lina blickte verständnisvoll, auch wenn es für die Haushälterin nicht immer leicht war, Annas vielen Anforderungen gerecht zu werden. „Fräulein von Weling, Sie sind eine gute Mutter für Ihre Pflegekinder und das Haus ist groß genug, um noch ein Kind aufzunehmen", pflichtete Lina ihr bei.

„Jesus hat gesagt: Wer ein solches Kind aufnimmt in meinem Namen, der nimmt mich auf. Dieses Kind wird Segen ins Haus bringen", verkündete Anna ihren

Lina Unbehaun (vordere Reihe Mitte), die Haushälterin im Allianzhaus, mit den Zofen des Hauses

Beschluss. Schon in der folgenden Woche machte sich Anna auf den Weg, um den kleinen Albert nach Blankenburg zu holen.

Es war noch dunkel. Doch für Annas Kinder galt ein strikter Tagesablauf. Liebevoll, aber konsequent rief sie die Kinder morgens um 6 Uhr aus den Betten, genau so, wie sie es bei ihrer Mutter erlebt hatte. Auch Albert hatte sich bald daran gewöhnt. Es ging streng zu in seinem neuen Zuhause. Doch er spürte Annas große Liebe. „Aufstehen, Kinder, wir gehen in den Keller", rief Anna. Ihr Tag hatte schon längst begonnen. Sie hatte einen Abschnitt der Bibel gelesen und für ihre Kinder, für die Arbeit und die Menschen in Blankenburg gebetet.

Der kleine Fritz mochte nicht so gerne aufstehen, sodass Anna an sein Bett kam. „Der Tag bricht an. Er soll dich nicht schlafend finden", damit zog sie ihn liebevoll aus dem Bett. Dann ging sie mit ihrer kleinen Schar in den Keller. Aus der Pumpe floss kaltes Wasser und jeder der kleinen Kerle stellte sich mutig darunter. „Kaltes Wasser ist gesund. So viele Menschen kommen in die Stadt, um in der Kaltwasseranstalt gesund zu werden. Wir haben hier unsere eigene Kaltwasseranstalt. Meine Herren, das Wasser wird Ihnen guttun", scherzte sie.

Dann hieß es sich anziehen und ins Speisezimmer gehen. Vor dem Frühstück wurde ein Abschnitt aus der Bibel gelesen. Anna erinnerte sich daran, wie sie als Kind mit ihrer Mutter die Bibel gelesen hatte. Manchmal war sie morgens auch noch müde gewesen. „Wisst ihr", erzählte sie ihren Kindern, „als ich so klein war wie ihr, da habe ich auch jeden Morgen mit meiner Mutter die Bibel gelesen. Manchmal wollte ich auch nicht so früh aufstehen. Aber was wäre aus mir geworden, wenn meine Mutter mich nicht gelehrt hätte, den

Anna von Welings Pflegekinder

Tag früh zu beginnen? Von ihr habe ich gelernt, dass man nur mit viel Fleiß etwas werden kann. Das möchte ich euch mitgeben. Und wofür wollen wir heute beten?", fragte sie nun.

Albert, der sich schnell eingelebt hatte, betete: „Danke, Gott, dass ich eine neue Mutter habe."

Carl als der Älteste betete danach: „Wir bitten dich für die verlorenen Menschen, die Jesus noch nicht erkannt haben."

Fritz, der Jüngste, wünschte sich hingegen Bonbons.

„Aber Fritz, wir wollen uns doch nicht mit diesen weltlichen Dingen beschäftigen. Du solltest Gott bitten, dass aus dir ein guter Christenmensch wird", lehrte ihn Anna. Sie selbst betete täglich für ihre Kinder: „Herr, ich bitte dich, dass du diese Kinder zu deinem Eigentum nimmst und sie für den Dienst im Reich Gottes ausrüstest." Das war ihr Anliegen. Sie träumte davon, dass ihre Kinder einmal Missionare wurden und Gottes Wort hinaus in die Welt trugen. Darum schenkte sie ihnen jetzt ihre ganze Aufmerksamkeit. Trotz der vielen Aufgaben war sie immer eine hingebungsvolle Mutter, die ihre eigenen Bedürfnisse für die Kinder hintenanstellte.

Nach der Morgenandacht gab es Frühstück. Lina hatte schon den Tisch gedeckt. Das Essen war einfach, aber nahrhaft, eine dicke Scheibe Brot und heiße Milch. Nach dem Frühstück hieß es wieder stillsitzen, denn Anna unterrichtete ihre Kinder selbst. Sie wollte sie nicht in die Schule in der Stadt schicken. Ihr Misstrauen gegen die Volksschule war groß. Sie war überzeugt, dass dort nur ein kalter Vernunftglaube gelehrt wurde. Die Ausbildung ihrer Kinder wollte sie unbedingt selbst überwachen. Um einen geregelten Unterricht zu gewährleisten, stellte Anna sogar eine junge Lehrerin ein.

Nach dem Mittagessen durften die Kinder draußen im Garten spielen. Abends gab es noch einmal kalte Waschungen und ein kräftiges Abendbrot. Dann legte Anna Wert darauf, dass die Kinder früh ins Bett gingen. Sie kam zu jedem ans Bett. „Wie hat dir dieser Tag gefallen?", mit dieser Frage begann sie den Rückblick auf den Tag.

„Ich habe einen wunderbaren bunten Schmetterling gefangen. Aber dann habe ich ihn wieder fliegen lassen", erzählte Albert.

„Dann wollen wir Gott doch Danke sagen, für den schönen Schmetterling. Weißt du, was es für einer war?" In kleinen, liebevollen Schritten lehrte Anna ihre Kinder das Beten und das Hören auf ihr Herz.

„Manchmal denke ich an meine Mutter in Branderoda", sagte Carl eines Tages.

„Dann wollen wir doch für sie beten. Gott wird für sie sorgen", ermunterte Anna ihn, seine Gedanken vor Gott auszubreiten.

Anna konnte jedoch auch sehr streng sein. Sie achtete peinlich genau darauf, dass die Kinder ihre Sachen in Ordnung hielten und fleißig lernten. Verwöhnung hielt sie für einen schlechten Ratgeber. Obwohl sie für die meisten Kinder kein Pflegegeld bekam, opferte sie gerne ihre Mittel für ihre Kinder und teilte, was sie hatte. So manches Mal wartete sie darauf, dass ihr Honorar ankam, um alle Rechnungen zu bezahlen. Sie war sich gewiss, dass Gott für sie und die Kinder sorgen würde. Im Lauf der Jahre kamen noch mehr Kinder hinzu. Bei aller Arbeit war es ihr wichtig, genügend Zeit mit den Kindern zu verbringen. Die spürten ihre tiefe Liebe.

20. Misstrauen

Nicht nur die Kinder, die Anna in ihrem Haus aufnahm, waren ihr wichtig. Jeden Sonntagnachmittag stand das Vereinshaus für die Kinder der Stadt offen. Die Sonntagsschule wurde zu ihrem Treffpunkt. Anna konnte sehr spannend die Geschichten aus der

Bibel erzählen. Immer wieder wollten die Kinder die Geschichte von dem Schäfchen hören, das sich verlaufen hatte. Gespannt hörten sie zu, wenn Anna schilderte, wie der Hirte voller Liebe auf der Suche war. Man konnte den Kindern ansehen, wie ihnen ein Stein vom Herzen fiel, wenn der Hirte endlich das kleine Schaf auf seine Schultern nahm und nach Hause trug. „So sehr liebt der Herr Jesus euch auch", knüpfte Anna an die Geschichte an.

Wunderbare neue Lieder erklangen. „Gott ist die Liebe, lässt mich erlösen, Gott ist die Liebe, er liebt auch mich", sangen fröhliche Kinderstimmen. Melodie und Botschaft taten den Kindern gut, die sonst so oft nur am Rande standen und gehorchen mussten. Anna hoffte, dass die Sonntagsschule ihrem Leben eine Wende brachte. Sie sollten lernen, nach Gottes Maßstäben zu leben. Die Zahl der Sonntagsschulkinder wuchs. Bald waren es 150 Kinder, die am Sonntagnachmittag an der Kirche vorbei den Hang zum Vereinshaus hinaufgingen.

Das weckte die Aufmerksamkeit der Kirchen- und Schulinspektion. „Wer ist dieses Fräulein von Weling?", fragte man sich in der Behörde. Der Oberpfarrer wurde aufgefordert, Bericht zu erstatten. Wieder gab es im Pfarrbüro von Blankenburg heftige Auseinandersetzungen. „Was macht diese von Weling mit den Kindern?", fragte der Oberpfarrer.

„Nun, sie erzählt ihnen biblische Geschichten. Sie hat eine gute Art, die Kinder anzusprechen", erklärte de Harde.

„Aber geht nicht alles drunter und drüber, wenn so viele Kinder beisammen sind?", wollte der Vorgesetzte wissen.

„Da kennen Sie diese Frau nicht! Bei ihr gibt es kein Durcheinander. Sie sollten mal sehen, wie ihre Pflegekinder stets herausgeputzt sind. Die Kinder sitzen tatsächlich brav in der Sonntagsschule. Für Bewegung sorgt sie mit neumodischen Liedern", wusste der Ortspfarrer.

„Können Sie das verantworten, Pfarrer de Harde, dass in Ihrer Stadt die Kinder der Volksschule ohne Ihre Aufsicht unterrichtet werden?", setzte der Oberpfarrer seine Fragen fort.

De Harde seufzte: „Mir wäre es auch lieber, wenn ich dort etwas zu sagen hätte. Aber Sie glauben doch nicht, dass Fräulein von Weling mich fragt? Da habe ich keine Chance. Wenn Sie wüssten, wie viele Auseinandersetzungen wir schon hatten. Sie ist von ihren englischen Vorstellungen geprägt. Von unserer deutschen Kirche hält sie nicht viel. Es ist nicht leicht für mich. Auf der einen Seite bin ich froh. Sie tut viel für unsere Stadt. Manch ein Bürger kommt jetzt zum Gottesdienst, den ich vorher lange nicht gesehen hatte. Die Frauen lernen Gutes bei den Mütterabenden. Und ich kenne einige Trinker, die mit ihrer Hilfe ein neues Leben angefangen haben. Sie hat sogar eine Bibliothek eingerichtet, damit die Arbeiter sich Bücher ausleihen und lesen können. Damit wirkt sie für die Bildung der Menschen. Sie tut so viel Gutes. Aber eines tut sie gewiss nicht: Sie lässt sich nichts, aber gar nichts von mir vorschreiben."

„Das kann ich mir gar nicht vorstellen. Sie sind doch auch ein fähiger Mann", meinte der Oberpfarrer und suchte nach einem Ausweg. „Dann werden wir dem Fräulein Weling wohl zeigen müssen, dass sie hier nicht in England lebt. Wir haben schließlich Gesetze!", sagte der Oberpfarrer mit fester Stimme.

Zunächst musste Pfarrer de Harde herausfinden, welche Lieder in dieser Sonntagsschule gesungen wurden. Anna legte ihm das Liederbuch vor. Wie zu erwarten, enthielt es vorwiegend Lieder aus der englischen Erweckungsbewegung, während die alten deutschen Kirchenlieder nicht darin vorkamen. „Aber diese Kirchenlieder lernen die Kinder doch in der Schule. Warum sollten sie hier in der Sonntagsschule nicht die neuen Lieder lernen? Ich habe alle Inhalte geprüft. Sie sind das Beste, was ich mir für die Kinder vorstellen kann. Sehen Sie doch selbst, die Kinder singen begeistert mit", hatte Anna erklärt.

Um sicher zu gehen, ließ de Harde das Liederbuch von der Kirchenbehörde überprüfen. Dort wurden die Regeln für die Sonntagsschule festgelegt. Pfarrer de Harde überbrachte Anna das offizielle Schreiben.

Anna las laut vor: „Diese Kindergottesdienste müssen der Aufsicht des Pfarrers von Blankenburg unterstellt werden. Die biblischen Stoffe, die behandelt werden sollen, sind ihm vierteljährlich mitzuteilen. Der Pfarrer sollte den Kindergottesdiensten sooft als möglich beiwohnen. Es sind die Kindergesangbücher unserer Kirche zu verwenden." Wieder einmal musste sie tief durchatmen.

„Herr Pfarrer, Sie sind mir herzlich willkommen. Sie dürfen gerne an der Sonntagsschule teilnehmen, so oft Sie möchten! Aber Sie glauben doch nicht im Ernst, dass ich andere Liederbücher anschaffe? Sehen Sie doch selbst, wie gerne die Kinder die neuen Lieder singen. Wenn sie nur einen Teil davon in sich aufnehmen, wird das ihr Leben für immer ausrichten. Wenn sie singen: ‚Jesus errettet dich jetzt‘, dann können sie der Gnade Gottes gewiss werden. Das ist wichtiger als alle Wissenschaft. Oder sind Sie vielleicht anderer Meinung?“

De Harde fühlte sich überrumpelt. Was sollte er dem Oberpfarrer berichten? „Ich muss der Schulbehörde Rechenschaft ablegen. Nehmen Sie die Anweisungen bitte zur Kenntnis. Ich wünsche, dass Sie sich danach richten“, versuchte er es noch einmal.

„Diese Kirchenbehörde ist Teil dieser vernunftgesteuerten, verstaubten Kirche. Sie bringt kein lebendiges Glaubensleben hervor“, erwiderte Anna. „Da geht es doch nur darum, willige und untertänige Mitglieder zu haben. Ich möchte die Kinder aber zum lebendigen Glauben führen. Ich lasse mir von Ihnen nichts vorschreiben“, mit diesen Worten war das Gespräch beendet.

De Harde musste sich weiter mit dem Oberpfarrer beraten. Die Männer wurden sich einig, dass man nicht gerichtlich gegen diese Sonntagsschule vorgehen konnte. Annas Argumenten konnte man nur auf anderer Ebene begegnen. Ein Kindergottesdienst nach den kirchlichen Vorschriften sollte die Kinder davon abhalten, ins Vereinshaus zu Anna von Weling zu gehen. Der Erfolg dieser Strategie war jedoch mäßig. Im Gegenzug lud Anna nun regelmäßig zu Gebetsstunden für die Stadt Blankenburg, für die Kinder und für die Allianz ein.

In der Fürstlichen Kirchen- und Schulinspektion war der Name Anna von Weling bald sehr bekannt. Nicht nur die Sonntagsschule erregte dort Aufmerksamkeit. Es wurde bekannt, dass Anna ihre Kinder selbst unterrichtete. Daher verwunderte es nicht, dass Pfarrer de Harde bald wieder in Annas Arbeitszimmer stand. „Fräulein von Weling, es war eine feine Sache, als Sie die vielen Gäste eingeladen haben. Ich habe mich gerne an der Konferenz beteiligt. Vor Gott sind wir alle gleich. Aber das enthebt Sie nicht der Pflichten, die unser Staat Ihnen auferlegt. Ich habe Nachricht bekommen, dass Sie Ihre Kinder nicht in die Volksschule schicken. Ich fordere Sie auf, die Kinder ab nächste Woche in die Schule unten in der Stadt zu schicken. Was für alle Kinder in Blankenburg gut ist, das wird doch auch für Ihre Kinder gut sein!"

Anna hatte schon mit dieser Konfrontation gerechnet. „Aber Herr Pfarrer, Sie wissen doch, dass ich selbst eine gute Bildung habe. Mit meiner Mutter zusammen habe ich an Fürstenhöfen unterrichtet. Wieso sollte ich meine Kinder nicht selbst unterrichten? Damit auch wirklich nichts ausfällt und der Unterricht kontinuierlich stattfindet, habe ich sogar eine Lehrerin eingestellt", entgegnete sie. Sie war fest entschlossen, diese Aufgabe nicht aus der Hand zu geben.

Der Pfarrer kannte seine Nachbarin und hatte erwartet, dass sie ihm gute Gründe nennen würde. Er war diese Streitigkeiten leid. „Dann weisen Sie mir nach, dass Ihre

Lehrerin eine ordentliche Ausbildung hat und berechtigt ist, den Unterricht durchzuführen", lenkte er ein.

Anna versprach, das Zeugnis der Lehrerin einzureichen. Wie sich herausstellte, war die Schulbehörde nicht damit zufrieden. Erna Weidlich war im Kleinkinder-Lehrerinnenseminar in Weißenfels ausgebildet worden. Ihr Abschluss genügte folglich nicht, um an der Volksschule zu unterrichten. Besonders in Geografie sowie im Rechnen war sie nicht hinreichend ausgebildet.

Anna beschloss daher, eine weitere Lehrerin einzustellen. Erst im Jahr 1890 konnte sie der Schulbehörde endlich nachweisen, dass nun eine entsprechend ausgebildete Lehrkraft den Unterricht erteilte. In diesem Jahr waren es schon acht Kinder, die Anna aufgenommen hatte. Es waren vorwiegend Jungen, die aus schwierigen Verhältnissen kamen. Sie hingen an ihrer neuen Mutter, auch wenn diese oft sehr streng war.

21. Es geht weiter

Es war beschlossene Sache: Die erste Allianzkonferenz war so gut angekommen, dass man sich auf jeden Fall in dieser Runde wieder treffen wollte. Das Motto der Konferenz sollte lauten: „Ein Leib sind wir in Christus" (Unum corpus sumus in Christo). Im September 1887 war man in ähnlicher Besetzung wieder beieinander.

Nachdem Anna sich in Blankenburg eingelebt hatte, übernahmen die Zwillinge Heinrich und Fritz neue Aufgaben in Hamburg. Sie blieben ihrer Pflegemutter immer treu verbunden und besuchten die Konferenz, so oft es ihnen möglich war. Für die weiteren Konferenzen wurde ein Kuratorium gegründet, dessen Leitung zunächst Dr. Ziemann übernahm.

Zur dritten Konferenz im Jahr 1888 kamen bereits 36 Personen. Sie waren einander in dem Glauben verbunden, dass sie Gott von ganzem Herzen dienen wollten. Und doch erlebte mancher erst hier den Durchbruch zu einem befreiten Glauben, der ganz aus der Gnade Gottes lebte. So schrieb Ernst Gebhardt an Freunde in Amerika: „Die Gnade des Herrn waltete in unserer Mitte und ließ es an drei Tagen zu einer Harmonie der Geister kommen, dass man in der Tat etwas von der Realität der Gemeinschaft der Heiligen spüren konnte." Damit meinte er die Einheit der verschiedenen Glaubensauffassungen. Der dritte Artikel des Glaubensbekenntnisses, der von der Gemeinschaft der Heiligen spricht, wurde auf den Konferenzen erfahrbar.

Neben den Veranstaltungen suchte Anna immer wieder das Gespräch mit jedem einzelnen Gast. Wenn sie ihre Kinder ins Bett gebracht hatte, klopfte sie oft noch spät an die Tür eines Gastes. Sie brachte selbst gemachte Limonade mit. In der Abendstille hörte sie, was die Einzelnen bewegte, und ließ sie an ihren Gedanken über die Bibel und ihre Arbeit für die Allianz teilhaben. So wurde sie für manchen Besucher zur Seelsorgerin.

Dr. Baedeker war immer dabei. Er leitete nicht nur

die Gebetsversammlungen, sondern erzählte von seinen Missionsreisen vor allem in Russland und Asien, von den Christen anderer Länder und wie sie durch Evangelisationen zu Jesus gefunden hatten. Er hatte sogar Zugang zu den Strafgefangenen in Sibirien und konnte bewegende Erfahrungen weitergeben. Die Nachricht von der Rettung durch den Glauben an Jesus Christus brachte Licht in die dunkelsten Gefängnisse. Mit seinen Beiträgen prägte er wesentlich die Konferenz. Manche nannten ihn darum den Vater der Konferenz.

Zu den Gästen des Jahres 1888 gehörte auch Gustav Kaiser. Anna war schon bald mit ihm eifrig ins Gespräch vertieft. Er kannte nicht nur den von ihr so geschätzten Professor Christlieb, sondern hatte sogar in Bonn, an der neuen Evangelistenschule Johanneum, bei Christlieb studiert. Gustav Kaiser war katholisch erzogen worden und hatte dann bei einer Evangelisation seinen Retter Jesus Christus entdeckt. Er trat in die evangelische Kirche über, studierte einige Semester Theologie in Kiel und besuchte auch ein methodistisches Seminar. Dann ging er nach Berlin, um nach einer Evangelisation von Elias Schrenk die Menschen zu begleiten, die einen Anfang im lebendigen Glauben gemacht hatten. Das hörte Anna gerne: ein Mann, der die verschiedenen Konfessionen kannte und ein weites Herz für alle Christen hatte. Als Gustav Kaiser dann noch erzählte, dass er zum Allianzkreis in Berlin gehörte, war Anna klar: Dieser Mann hatte den weiten Horizont, den die Allianz brauchte. Die Verbindung zu ihm wollte sie erhalten.

Während der Konferenz ahnte noch niemand, dass Anna schon die Baupläne für ein neues Allianzhaus eingereicht hatte. Als die Gäste 1889 zur vierten Konferenz anreisten, überraschte Anna sie mit dem Konferenzhaus. Diesmal kamen um die 70 Personen, fast doppelt so viele wie noch im Jahr zuvor. Alle waren Annas persönliche Gäste. Im Vereinshaus wäre es zu eng geworden. Für 8000 Mark hatte daher Baumeister Scheller ein einfaches Fachwerkhaus errichtet. Im neuen Haus war ausreichend Platz für die Versammlungen. Außerdem fanden sich darin Unterkünfte für die Gäste. Nicht nur zu den Konferenzen, sondern das ganze Jahr über stand die Tür offen für Menschen, die Erholung suchten. Für einen geringen Beitrag konnten sie hier Ruhe finden. Sie sollten aber auch die Nähe Gottes erfahren und im gemeinsamen Bibellesen und Gebet Stärkung erfahren.

Anna hatte einen weiten Blick. Sie schätzte die Gemeinschaft mit den unterschiedlichen Christen. Doch sie sah auch die vielen Menschen, die nichts von Christus wussten. Immer wieder hatte sie mit den Zwillingen überlegt, was man für diese tun könnte. Nach dem Weggang der beiden jungen Männer suchte Anna nun nach neuen Mitarbeitern. Als Gustav Kaiser bei der vierten Konferenz wieder dabei war, sprach sie ihn an: „Könnten Sie sich vorstellen, hier im Allianzhaus zu wirken? Es gibt so viele Aufgaben. Ich suche einen Menschen, dessen Herz für die Evangelisation brennt. Wir können doch nicht nur schöne Konferenzen hier abhalten. Nur wenig entfernt gehen Seelen verloren, weil ihnen niemand etwas von der Rettung durch Jesus Christus gesagt hat."

Gustav Kaiser auf seinem Pferd „Vorwärts", Evangelist für die Dörfer des Thüringer Waldes und Mitherausgeber des Evangelischen Allianzblatts, enger Vertrauter von Anna von Weling

Es folgte ein langes Gespräch. Anna gefiel der staatliche, große Mann. Doch diese Gedanken sollten keinen Raum gewinnen. Sie hatte so viele Ideen. Ihr Leben sollte dem Dienst für Gott geweiht sein. „Wie gut tut es, von anderen Arbeiten im Reich Gottes zu erfahren. Das, was wir hier bei der Konferenz besprechen, das müssten alle wahren Christenleute erfahren. Es würde sie stärken und ermutigen. Es gäbe da viel Arbeit. Ich möchte eine Zeitung herausgeben, in der man lesen kann, wie Gott sein Werk auf dieser Welt treibt. Alle Kinder Gottes sollen die Möglichkeit haben zu erfahren, wie Gott wirkt, nicht nur hier in Thüringen oder in Deutschland. Sie haben den

Berichten von Dr. Baedeker doch auch ganz aufmerksam gelauscht. Nirgends sonst kann man erfahren, was er in Sibirien erlebt hat. Wie gut wäre es, es gäbe eine Zeitung, die aus den vielen Missionsgebieten dieser Welt oder von den Versammlungen der Allianz in England berichtete. Wie soll man wissen, was in anderen Denominationen passiert, wenn man nicht dazugehört? Es gibt so viele gute Vorträge und auch Literatur. Die Christen sollten informiert werden. Wir brauchten eine Zeitung, die der Einheit der Christen dient!", überlegte sie begeistert.

Gustav Kaiser hatte schon länger dafür gebetet und Gott gefragt, ob er eine neue Aufgabe für ihn hätte. „Liebe Schwester im Herrn, lassen Sie mir etwas Zeit. Das muss ich mit meinem himmlischen Herrn besprechen und mit meiner Frau auch. Aber wenn ich ehrlich bin, dann klopft mir das Herz tüchtig, wenn ich Sie so reden höre", war seine Antwort. So kam es, dass Gustav Kaiser ab dem 1. Januar 1890 als Evangelist angestellt wurde.

Wieder einmal saß Anna mit Prediger Kaiser zusammen, um die neuen Aufgaben zu besprechen und im Gebet vor Gott zu bringen. „Noch vor der nächsten Allianzkonferenz sollte unsere Zeitung erscheinen. Hast du dir schon Gedanken gemacht, wie wir das Blatt aufbauen wollen?", fragte Anna.

Gustav Kaiser war ein belesener Mann. „Liebe Anna, ich habe jede Menge Ideen für den Inhalt. Aber hast du schon überlegt, wie die Sache finanziert werden soll?", fragte er zurück.

„Lieber Bruder, wir sind ein Werk des Herrn. Wenn

Gott diese Zeitung will, dann wird er auch das Geld dazu geben. Dieses ganze Haus mit den Kindern und Gästen lebt von der Versorgung des Herrn. Du weißt, dass mich diese Tatsache nicht faul sein lässt. Wenn wir das Unsere tun, wird der Herr sorgen, daran halte ich mich schon mein ganzes Leben lang", erklärte Anna.

„Aber Anna, ich wäre nicht hier, wenn ich das nicht genauso sehen würde. Dennoch sollten wir zunächst die Kosten überschlagen und auch bedenken, wie wir die Zeitung bekannt machen. Ich sehe nicht, dass wir Geld haben, um das Blatt überhaupt drucken zu lassen", rechnete Gustav Kaiser vor.

„Ja, das weiß ich", antwortete Anna. „Aber ich habe gute Beziehungen zur Druckerei von Otto Gleisberg hier in der Stadt. Er ist ein gläubiger Mann und ich werde mit ihm darüber sprechen. Wir können den Druck jedoch erst bezahlen, wenn die erste Auflage verkauft ist." So weit hatte Anna bereits geplant.

„Du solltest ihn auch fragen, wie hoch die Auflage sein muss, damit sich die Sache rechnet. Wir können nicht verlangen, dass er umsonst für uns arbeitet. Er muss seine Arbeiter ja auch bezahlen. Wenn das geklärt ist, sollten wir uns Gedanken machen, wie unsere Zeitung bekannt wird. Ohne Abonnenten ist das beste Blatt nichts wert", überlegte der Prediger weiter.

Nach der Besprechung beteten sie intensiv für ihr neues Projekt, für die Feriengäste und die Pflegekinder. Auch die zahlreichen Veranstaltungen, wie die Sonntagsschule, die Gebetsstunde am Montag oder die Versammlungen für junge Frauen am Mittwoch brachten sie vor Gott.

Schon am nächsten Tag sprach Anna mit dem Besitzer der Druckerei. „Gustav Gleisberg empfiehlt uns, zunächst eine Werbenummer zu veröffentlichen. Wenn es uns dann gelingt, 1000 Abonnenten zu bekommen, dann können wir die Rechnung bezahlen. So lange gewährt er uns Aufschub. Die Leser sollen die Zeitung im Voraus bezahlen. Drei Mark im Jahr sollte sie kosten. Für die Druckerei ist das ein guter Auftrag, wenn zweimal im Monat die Zeitung gedruckt wird. Mit einigen Inseraten auf der Rückseite könnten wir auch ein wenig Geld einnehmen", freute sich Anna. „Ich weiß auch schon, wie wir das Blatt an die Leute bringen", fuhr sie begeistert fort. „Du kennst so viele Gemeinden. Du wirst mit dem Prospekt auf Reisen gehen, es in den Gemeinden vorstellen und die Leser dafür gewinnen."

„Wenn du den Plan schon fertighast, dann können wir ja an die inhaltliche Arbeit gehen", schlug Gustav vor. „Wir brauchen auch noch einen Namen für die Zeitung. Hast du dafür auch schon eine Idee?"

„Ja, der Name ist wichtig. Er muss gleich aussagen, worum es uns geht. Ich dachte an ‚Allianzblatt'", meinte Anna.

„Aber das genügt nicht", gab Gustav zu bedenken. „Wir müssen anzeigen, wer wir sind. Ich habe gehört, in München habe sich eine Versicherung mit dem Namen Allianz gegründet. Dann sollte es wenigstens ‚Evangelisches Allianzblatt' heißen, wir wollen ja nicht für die Versicherung werben. Unsere Sicherheit ist der Fels, auf dem wir stehen, unser großer Gott."

Die beiden überlegten weiter. Es war ihnen wichtig, dass gleich auf der Titelseite ein Bibelwort stand. Schließlich wurden sie sich einig. Ganz oben sollte in kleineren Buchstaben stehen: „Einer ist euer Meister, ihr aber seid alle Brüder."

„Dieses Prinzip habe ich bei den Mildmay-Konferenzen von William Pennefather kennengelernt. Ich bin dadurch so sehr gesegnet worden. Dort habe ich die ersten großen Konferenzen erlebt. Dort begegnen sich alle auf gleicher Ebene, aber eben unter dem Wort des Meisters Jesus", erklärte Anna.

Unter dem Titel „Evangelisches Allianzblatt" sollte stehen: „Für diejenigen, welche mit allen Kindern Gottes Gemeinschaft haben."

Gustav Kaiser schrieb einen ausführlichen Artikel über das Anliegen des Blattes, aber auch darüber, was diese Zeitung nicht war. „Das Evangelische Allianzblatt ist kein Kirchenblatt. Es vertritt weder die Sonderinteressen einer Kirchengemeinschaft, noch tritt es ein in die in unserer Zeit so lebhaft geführte Kirchenpolitik im Allgemeinen", hieß es gleich auf der ersten Seite.

Dann wollte Gustav Kaiser alles aufschreiben, was er so oft mit Anna besprochen hatte. „‚Eine Allianz, so wie sie in der Bibel beschrieben wird, das ist die innere Einheit aller Gläubigen, die durch Gottes Geist wiedergeboren sind. Gottes Geist bezeugt es ihnen. Sie sind bestrebt, in der Heiligung zu leben, und warten auf das Wiederkommen ihres Herrn.' So ähnlich würde ich das formulieren, vielleicht etwas ausführlicher", schlug er vor.

Anna selbst hatte ihre Vorstellungen von Allianz in

Gedichtform verfasst. Der Regenbogen war für sie ein Bild für die evangelische Allianz. In der Bibel war er ein Bild für die Verbindung zwischen Gott und den Menschen. Mit seiner Farbenvielfalt war er für Anna auch ein Symbol für die verschiedenen Christen, die gemeinsam etwas bewirkten. Dieses Gedicht gehörte in die erste Auflage des Blattes.

Wie sich große Harmonien
bilden aus der Töne Tor –
wie zum Himmelsdom die Tropfen
tausendfältig ziehn empor –,
wie vielfarbig aufgerichtet
sich der Regenbogen spannt,
so wird die Gemeinde Gottes
vielgegliedert uns benannt!
Doch weil sie ein Geist gezeuget,
stehet sie vor unserm Blick
in dem ganzen Bau vollkommen,
ihres Meisters Meisterstück.
Viele Steine – und ein Tempel,
viele Jünger – doch es ist
Herr nur einer; viele Brüder
und ein Meister – Jesus Christ.

Im Blatt folgten allerlei Informationen, ein Bericht über eine Erweckung in Ostpreußen sowie über das Evangelische Vereinshaus in Frankfurt am Main und eine französische Missionsarbeit in Sambia. Auch ein Bericht über das Allianzhaus in Blankenburg war zu finden und ein Lektionsplan für die Sonntagsschularbeit. Auf der letzten Seite warb eine Anzeige für das Christliche Vereins- und Allianzhaus in Blankenburg mit fünfzehn freundlichen Zimmern, teilweise mit Balkon.

22. Das Evangelische Allianzblatt

Es wurden 10 000 Exemplare des Prospektes auf grünes Papier gedruckt. Damit ausgestattet machte sich Gustav Kaiser auf den Weg. Auf einer ausgedehnten Rundreise durch ganz Deutschland gelang es ihm tatsächlich, fast 1000 Abonnenten zu gewinnen. „Wir wollen Gott danken, dass er mir zur Seite stand und der erste Schritt für die Ausbreitung unseres Allianzblattes getan ist", sagte er, als er nach Blankenburg zurückkehrte. Gustav wurde der Schriftleiter des Blattes, sammelte Beiträge aus aller Welt und übersetzte sie.

Es dauerte nicht lange, da kamen die ersten Dankesbriefe im Allianzhaus an: „Ganz herzlichen Dank für dieses wunderbare Blatt. Es stärkt den Glauben, wenn ich vom Werk des Herrn in aller Welt lese. Ich bin dadurch sehr gesegnet worden", schrieb ein Pfarrer aus Baden.

Es kamen jedoch auch andere Anfragen: „Wer ist dieser Hans Tharau?", wollte jemand wissen.

„Anna, ich habe dir gleich gesagt, dass die Gläubigen es nicht verstehen werden, wenn du unter einem Pseudonym schreibst", fühlte sich Gustav bestätigt.

„Das sehe ich ganz anders", entgegnete Anna, „ich schreibe schon seit Jahrzehnten unter diesem Namen. Es war mir immer von Vorteil. Ich wüsste nicht, was daran nicht recht sein soll."

„Aber wir sprechen doch immer davon, dass zur Nachfolge Christi Aufrichtigkeit und Ehrlichkeit gehören. Unsere Leser fühlen sich getäuscht", versuchte Gustav zu erklären.

Davon wollte Anna aber nichts hören. Erst nachdem immer öfter Beschwerden eintrafen, war sie bereit, auch ihren richtigen Namen unter die Beiträge zu setzen.

Für das Allianzblatt fanden sich bald nicht nur in Deutschland, sondern auch in Österreich-Ungarn, der Schweiz, in Italien, Transkaukasien, Konstantinopel und Athen aufmerksame Leser. Ein Exemplar wurde sogar bis nach Kamerun verschickt.

Zweimal im Monat erschien die neue Zeitschrift. Das bedeutete eine Menge Arbeit. Die Artikel mussten pünktlich fertiggestellt werden. Dabei war das Allianzhaus keine ruhige Studierstube. Die Kinder brachten Leben und Aufregung ins Haus. Anna war ihnen eine gute Mutter. Sie nahm sich immer wieder Zeit, wenn ein Kind ein Anliegen hatte. Mitten im Kinderlärm war es für Anna nicht immer leicht, sich beim Schreiben zu konzentrieren. Auch die Gäste des Hauses betreute sie liebevoll. Sie nahm sich Zeit für Gespräche, hörte, aus welchen Orten und Arbeiten sie kamen. Oft war es nötig, miteinander im Gebet vor Gott zu treten, um die Müdigkeit und Belastungen bei ihm abzulegen.

Auch Gustav hatte neben der Arbeit am „Allianzblatt" noch viele andere Aufgaben. Im Allianzhaus fanden zwar fast täglich Veranstaltungen statt, aber die Bewohner der umliegenden Dörfer kamen nie bis in die Stadt. Man musste zu ihnen gehen, auch wenn der Weg beschwerlich war. Denn Blankenburg lag tief im Tal und die Straßen zu den Dörfern waren noch schlecht erschlossen. Gustav verbrachte viel Zeit damit, zu Fuß in die Dörfer zu kommen. Oft musste er übernachten, weil er in der Nacht nicht mehr zurückgehen konnte. Sechs Stunden Weg waren keine Seltenheit.

„Wir wollen unsere Arbeit nicht gegen die Landeskirche tun. Wie gut wäre es, wenn wir den jeweiligen Ortspfarrer für unser Anliegen gewinnen könnten. Ich denke, dass die Pfarrer im Thüringer Wald nicht ganz so übermäßig dem stumpfen Vernunftglauben der modernen Zeit verfallen sind", meinte Anna eines Tages zu Gustav Kaiser.

„Dann werde ich immer zuerst ins Pfarrhaus gehen. Wenn der Pfarrer meine Arbeit unterstützt, wird es leichter sein. Jeder Pfarrer, der ein wahres Kind Gottes ist, müsste sich freuen über unsere Missionsarbeit. Ich werde mit ihm sprechen und ihn womöglich auch einbeziehen", sagte Gustav zu. In der Folge brachten ihn seine Predigtreisen bis hinauf zum Rennsteig. Nach der Vorstellung beim Pfarrer suchte er das Hotel oder Wirtshaus im Dorf. Dort fand er nicht nur Übernachtung, sondern auch einen Saal, in den er einladen konnte. Den Tag verbrachte Gustav damit, jedem Haus einen Besuch abzustatten. Bald schon achteten die Leute selbst darauf, dass niemand vergessen wurde. Abends, wenn sich der Tanzsaal im Wirtshaus mit Zuhörern füllte, legte Gustav den Dorfbewohnern dort die Bibel aus. Es war ihm wichtig, von der Errettung durch Jesus zu sprechen, und die Menschen hörten ihm gerne zu. Gustav sprach von der Sünde der Menschen, die sich von Gott abgewandt hatten, und von der Liebe Gottes, die jeden erreichen wollte. Tatsächlich spielte der Glaube in jener Zeit im Leben der Menschen kaum eine Rolle und die Kirchen blieben leer. Umso erstaunter war Gustav über den inbrünstigen Gesang. Wenn er einen Choral anstimmte, dann fiel man laut mit ein. „Der Gesang war so mächtig, dass ich glaubte, die Decke des Saals müsste sich heben", erzählte er später.

In den Dörfern traf der Prediger auf freundliche Menschen, die sich schnell für das Neue begeisterten. Besonders freute es Gustav, dass die Wirte ihm nur eine geringe Miete für den Saal berechneten. Er musste jedoch bei seinen Besuchen feststellen, dass nur die wenigsten Häuser eine Bibel besaßen. „Man bedenke, im Stammland Luthers, da, wo die Bibel zuerst ins Deutsche übersetzt wurde, da besitzen die Leute keine Bibel", berichtete Gustav von seinen Reisen. „Stell dir vor, man meint, dass man erst dann eine Bibel kaufen müsse, wenn die Kinder in den Konfirmandenunterricht kommen. Sie sehen die Bibel wie ein Lehrbuch an; meinen, man brauche sie nur für den Unterricht, um etwas nachzuschlagen", wunderte er sich. Mit seinen Vorträgen brachte Gustav Bibeln und gute christliche Literatur in die Bergdörfer.

Als Gustav wieder einmal von einer Reise zurückkehrte, strahlte Anna, denn sie hatte eine gute Nachricht für ihn: „Es ist Post aus England angekommen. Es ist kaum zu fassen: Unsere englischen Freunde wollen die Thüringer-Wald-Mission unterstützen. Sie schicken uns 6000 Kalender mit der Frohen Botschaft."

„Das macht mir Mut. Ich war so enttäuscht. Als ich vor wenigen Wochen in Katzhütte war, da waren die Menschen ganz begeistert. Doch diesmal wollten einige gar keinen Besuch von mir. Es kamen auch nicht so viele zu den Veranstaltungen im Wirtshaus. Es ist, als wäre alles umsonst gewesen", klagte Gustav.

Anna tröstete ihn: „Das Wort Gottes bringt eben auch Scheidung. Aber davon wollen wir uns nicht entmutigen lassen. Gott ist auf unserer Seite. Er will, dass alle Menschen gerettet werden."

„Der Bauer Heinrich hat mir bei meinem letzten Besuch seine Sünden bekannt und ein neues Leben begonnen. Über ihn habe ich mich gefreut. Er liest täglich in der Bibel und war mir bei meinen Besuchen und Vorträgen sehr behilflich. Ja, einige wenige sind dann doch treu. Auf die will ich schauen und nicht aufgeben. Die Frohe-Botschaft-Kalender sind gerade richtig, um meine Vorträge zu unterstreichen. Da haben die Leute jeden Tag etwas zum Lesen", meinte Gustav.

„Das ist noch nicht alles! Die langen Fußwege haben ein Ende", fuhr Anna fort. Das konnte Gustav nicht verstehen, wo seine Missionsarbeit doch eben erst begonnen hatte. Auf seinen fragenden Blick hin erzählte Anna: „Wir haben Spenden bekommen. Nun wird ein Pferd angeschafft! Die Lauferei kostet zu viel Zeit und

Kraft. John Wesley, der Gründer der Methodistenkirche, war auch mit dem Pferd unterwegs. Ab jetzt haben wir einen berittenen Evangelisten. Ich bete, dass wir ebenso großen Segen über unser Thüringer Land bringen wie Wesley für seine Heimat."

Mit dem Pferd wurde für Gustav Kaiser vieles leichter. Es bekam den aussagekräftigen Namen „Vorwärts". Vorwärts sollte es gehen, mit der Evangelisation, mit der Verbreitung der Bibel, mit dem Bau des Reiches Gottes. Aber Gustavs Arbeit an sich wurde eher schwerer. Als er eines Tages mit einem befreundeten Pastor auf dem Kamm des Thüringer Waldes unterwegs war, musste er bei einem Gottesdienst mit anhören, wie der Dorfpfarrer von der Kanzel herunter abfällig über seine Evangelisation sprach. „Es kamen zwei Herren zu mir und sagten, dass sie einen religiösen Vortrag halten wollten. Wenn sie das aber wollen, warum ziehen sie nicht zu den Heiden?", wurde ihre Arbeit kommentiert.

In einem anderen Ort verbot der Pfarrer die Veranstaltung und veranlasste, dass in dem Saal eine Gegenveranstaltung stattfand. Zugleich wurde dem Inhaber des Gasthofes verboten, dem Prediger den Saal zu überlassen.

Immer wieder musste Gustav Kaiser mit dem Generalsuperintendenten Trauvetter verhandeln. Obwohl die Gespräche von gegenseitiger Achtung bestimmt waren, kam es kaum zur Verständigung. Altes und Neues standen sich unversöhnlich gegenüber. „Die Ordnungen unserer Kirche erlauben es nicht", das war die Begründung für so manche Behinderung des Dienstes als Evangelist im Thüringer Wald. Der Kirchenmann Trauvetter war Gustav persönlich durchaus wohlgesinnt. Gut gemeint war auch sein Rat: „Verlassen Sie Blankenburg so bald als möglich, sonst verderben Sie sich Ihre Karriere."

„Können wir nicht mit dem Stadtpfarrer mehr zusammenarbeiten?", fragte Gustav Anna immer wieder. Doch auch als Pfarrer de Harde später von einem jungen Geistlichen abgelöst wurde, änderte sich nichts. Anna war immer weniger zu einer freundlichen Zusammenarbeit zu bewegen.

„Er kann ja mit uns zusammenarbeiten", war die gleichlautende Antwort von Anna. Es widerstrebte ihr, sich einem Mann der Kirche unterzuordnen. „Das Reich Christi hat keine Hierarchie", pflegte sie als Begründung anzuführen. Gustav litt unter den stetigen Reibereien und Annas starrer Haltung. Er wünschte es sich anders, aber es gab keine Möglichkeit der Annäherung. So blieb ihm nichts übrig, als sich ganz auf seine Arbeit zu konzentrieren. Er warb bei Freunden in aller Welt um Unterstützung für die Missionsarbeit im Thüringer Wald. Es konnte sogar noch ein Evangelist dafür angestellt werden, später noch ein dritter. Sie wohnten oben in den Dörfern des Thüringer Waldes und konnten so die Menschen besser erreichen. Später wurde sogar ein Haus in Oberweißbach, zwischen Rennsteig und Schwarzatal, gebaut. Dort wirkte der Evangelist Oswald Petzold und half vielen Menschen auf den Weg des Glaubens.

23. Fremde im Thüringer Land

Eines Tages kamen die Kinder aufgeregt zu Anna gerannt. „Mutter, liebe Mutter, unten in der Stadt sind ganz viele Menschen. Sie sprechen eine fremde Sprache. Sie sind mit dem Zug gekommen. Der Wagen war überfüllt. Man hat sie auf Pferdewagen gesetzt und ist mit ihnen den Berg hinaufgefahren“, erzählten sie alle durcheinander.

Anna hatte bereits von Lina gehört, dass am Bahnhof Gastarbeiter aus Italien angekommen waren. „Diese Männer sind aus einem fremden Land, aus Italien. Sie sind hierhergekommen, um zu arbeiten“, erklärte Anna jetzt den Kindern.

„Aber sie haben hier doch gar kein Bett“, warf der Jüngste ein.

Anna lächelte. „Sie werden in Gasthöfen und bei Familien untergebracht. Bestimmt bleiben sie lange hier. Für uns ist das gut, denn sie bauen die Bahngleise. Wenn sie fertig sind, dann fährt die Eisenbahn nicht mehr nur bis Blankenburg, sondern den Berg hinauf bis nach Arnstadt.“

Die Kinder malten sich aus, wie es diesen Männern nun in der Fremde ging. Das hatten sie von Anna gelernt. Es entsprach ganz Annas Art, dass sie die Not dieser Arbeiter sah.

Englische Freunde hatten nicht nur das Pferd Vorwärts, sondern auch einen Wagen gespendet. Damit konnten Bibeln und Schriften transportiert werden.

Eine englische Bibelstiftung ermöglichte es Anna, immer wieder günstige Bibeln zum Verkauf anzubieten. Nun schickte sie ihre Evangelisten nicht nur hinauf in den Thüringer Wald. Die Kutsche fuhr mindestens einmal jede Woche die Bahnstrecke entlang. Hier arbeiteten nicht nur Italiener, sondern auch Polen und Tschechen gemeinsam mit den Deutschen beim Gleisbau. In den Kantinen war es leicht, die Männer anzusprechen. Viele fühlten sich verständlicherweise fremd. Anna hatte durch ihre internationalen Kontakte jedoch Schriften und Bibeln in ihren jeweiligen Muttersprachen besorgen können. Diese wurden als Gruß aus der Heimat empfunden und gerne gelesen.

„Die Arbeiter an der Bahnstrecke nehmen die Schriften dankbar an. Aber wir können uns nur schwer mit ihnen verständigen", brachte Gustav eines Tages das Problem auf den Punkt. „Besonders die Italiener haben Mühe. Sie verstehen das Deutsche nicht. Dabei sind sie doch so offen. Da sie meist aus katholischen Familien kommen, haben sie eine gewisse Ehrfurcht, wenn wir von Gott sprechen. Es ist so schade, dass ich ihnen den Weg zu Christus nicht deutlich beschreiben kann", seufzte Gustav.

„Aber ich spreche doch Italienisch! Das habe ich schon als Kind gelernt, und ich habe ein Jahr lang in Florenz gelebt. Dann fahre ich ab nächste Woche mit", beschloss Anna.

Gesagt, getan. Gustav predigte, Anna übersetzte. Eine Familienbibel kostete 80 Pfennig. Die Italiener kauften sie gerne und schickten sie nach Hause zu ihren Familien. Schon bald war Anna unter ihnen als „Grande Signora" bekannt. In ihrer mütterlichen Art sprach sie die Männer an. „Wie geht es Ihnen? Was machen die Kinder? Haben Sie Post von zu Hause bekommen?", fragte Anna auf Italienisch. Die Männer spürten die Herzenswärme, mit der die Adelige ihnen begegnete. Diese Liebe zu den Menschen zeigte sich bei ihr nicht nur in Worten. „Gustav, hast du gesehen, dass die Männer viel zu dünne Kleidung haben? Wir müssen zusehen, dass wir ihnen etwas Warmes geben", besprach sich Anna mit dem Evangelisten. Praktische Hilfe und die Einladung zum Glauben gehörten für sie zusammen.

„Ja, der Winter in den Thüringer Bergen ist hart. Das konnten die Italiener nicht ahnen, denn die meisten von ihnen waren vorher sicher noch nie in Deutschland. Sie sind ja nur hergekommen, um Geld zu verdienen. Wie könnten wir ihnen denn helfen?", sorgte sich auch Gustav.

„Wir müssen etwas aus unserem Spendenfonds entnehmen. Allianzfreunde in Sachsen haben eine Textilfabrik. Ich werde sie fragen, ob sie uns Pulswärmer und Schals zum Fabrikpreis überlassen", entgegnete Anna. Das war ihre Art. Es sollte Leib und Seele gut gehen.

Für die Arbeiter war es ein besonderes Geschenk, dass Anna sich in ihrer Muttersprache mit ihnen unterhalten konnte. An manchen Feiertagen nahm sie sogar Arbeiter als Gäste in ihr Haus auf. Später bekam Anna noch oft Briefe voller Dankbarkeit aus Italien.

Nur einmal passierte etwas Unvorhergesehenes: Als die Kutsche aus dem Wald herausfuhr und in die Nähe der Baustelle bei Paulinzella kam, sprangen zwei Maurer in den Weg. Sie hatten sich mit Steinen bewaffnet und beschimpften Anna und Gustav mit derben Worten. Es waren Deutsche. Die sozialen Spannungen waren damals schon so groß, dass sich der Zorn der Arbeiter gegen die adelige Frau und gegen alles Christliche richtete. Anna sah jedoch hinter dem zornigen Überfall die Not der Männer. Es war für sie nur ein Zeichen dafür, wie sehr die Menschen die Umkehr zu Gott brauchten.

24. Eine Heimat für Kinder

Man schrieb das Jahr 1893. Auf dem Gelände An der Esplanade wurde wieder gebaut. Freifrau von Bunsen, die Frau des preußischen Gesandten in London, hatte Anna 800 Mark gespendet, damit diese das benachbarte Grundstück kaufen konnte. Mithilfe weiterer Spenden wurde es möglich, noch ein Haus zu bauen. Anna nannte es das „Heim". Am 24. Mai 1893 zog sie dort mit ihren Kindern ein. Inzwischen hatte sie elf Kinder aufgenommen. Sie war überzeugt davon, dass Gott jeder Frau die Mutterliebe ins Herz legte. Wenn sie sich daran erinnerte, dass ihre Jugendliebe zerstört worden war, schmerzte es sie noch immer. Umso mehr verschenkte sie ihre ganze Zuneigung an diese Kinder.

„Aber wie wollen Sie nur für all die Kinder sorgen?",

hatte Lina, die Haushälterin, geäußert, die Aufwand und Kosten gut einschätzen konnte.

„Aber Lina, Jesus sagt doch: ‚Wer ein solches Kind aufnimmt, der nimmt mich auf.‘ Ich glaube fest, dass mit jedem Kind der Segen Gottes ins Haus kommt", erklärte Anna mit unerschütterlichem Gottvertrauen. Gott hatte ihr eine große Liebe zu den Kindern ins Herz gelegt, dafür war ihr keine Mühe zu groß. „Möchtest du denn auf eines unserer Kinder verzichten?", fragte Anna ihre Haushälterin. Jedes Kind hatte seine besondere Geschichte. Manche waren von Krankheiten gezeichnet, andere hatten Schlimmes erleben müssen. Es gab für jedes Kind einen anderen Grund, warum es nicht bei seinen Eltern aufwachsen konnte. Anna kannte ihre leidvollen

Das Kinderheim: Heimat für die Pflegekinder in Blankenburg, 1893

Geschichten. Sie war fest entschlossen, den Kindern einen guten Start ins Leben zu ermöglichen.

Das vergangene Jahr war schwierig gewesen. Nur mit Mühe war es gelungen, alle Rechnungen zu bezahlen. Das neue Haus war für Anna somit ein Zeichen dafür, dass Gott seinen Segen auf ihre Arbeit legen wollte. Mit Liedern und Gedichten feierten sie den Einzug. In eine kleine Dienstwohnung zog Rektor Hugo Kersten mit seiner Frau ein. Er war ein Rationalist. Annas Glauben konnte er nichts abgewinnen. Aber er war ein guter Lehrer in den naturwissenschaftlichen Fächern. Anna hatte ihn als Rektor für ihre Heimschule angestellt. Die christliche Erziehung ließ er ganz in Annas Händen. Mit seiner Anstellung hörten die Streitigkeiten mit der Schulbehörde endlich auf. Für ein recht geringes Gehalt arbeitete er bis zu Annas Tod treu als Leiter der Heimschule.

Aber mit der Kirche schloss Anna keinen Frieden. Pfarrer de Harde hatte noch manche hitzige Debatte mit ihr zu führen. „Fräulein von Weling, Sie sorgen nicht dafür, dass die Kinder rechtzeitig zur Konfirmation gehen. Schon wieder habe ich eine Beschwerde von der Schulaufsicht bekommen. Sie wissen doch, dass Sie sich an die Kirchengesetze halten müssen", begann er das Gespräch, als er wieder einmal in Annas Wohnzimmer auftauchte. Die Fronten waren verhärtet.

„Mir liegt sehr wohl daran, dass meine Kinder ein gottgefälliges Leben führen. Aber ich glaube nicht, dass die Teilnahme an der Konfirmation das bewirken wird. Ich unterrichte meine Kinder persönlich im Fach Religion.

Sie sollen eben nicht nur die Gesetze lernen. Sie sollen die Bibel lesen", war Annas unnachgiebige Antwort.

Annas Ziel war es, aus allen ihren Kindern Missionare zu machen. Immer wieder einmal fragte sie die Kinder, ob sie sich bekehren wollten. „Alle haben mit einem freudigen Ja geantwortet", erzählte sie Gustav. Was es bedeutete, für Gott unterwegs zu sein, sollten die Kinder schon früh einüben. So kam es, dass es sonntags oft an den Haustüren der umliegenden Dörfer klingelte. Wenn die Bewohner öffneten, dann wurden sie freundlich von zwei Kindern begrüßt. „Guten Tag. Wir möchten Ihnen etwas zum Lesen verkaufen", sagten die kaum zehn Jahre alten Jungen, die jeweils zu zweit loszogen. „Das ist ‚Der Thüringer Evangelist'. In dem Heft können Sie viel über das Leben mit Gott lesen", erklärte einer von ihnen. „Sie können das Blatt auch abonnieren", sagte der andere. Die Erwachsenen waren vom Besuch der netten Kinder angetan und in der Folge wuchs die Zahl der Abonnenten.

Im Jahr 1893 hatten Anna und Gustav begonnen, dieses weitere Blatt herauszugeben. Es wurde in die Häuser, aber auch in Fabriken und in den Betriebswerkstätten der Eisenbahn verteilt. Das vierseitige Wochenblatt sollte die Leser zum Glauben einladen.

25. Die Entwicklung der Konferenz

Mit den Jahren wuchs auch die Zahl der Besucher der Allianzkonferenz. Im Herbst 1891 reisten bereits Gäste aus Livland (Baltikum), Polen und Amerika an. 1894 kamen 68 Gäste. In einem solchen Kreis war es noch möglich, dass sich jeder am Gespräch beteiligte. Später gab es aufgrund der hohen Teilnehmerzahlen nur noch Vorträge und danach Zeit für eine Aussprache.

Das Allianzkomitee um 1894. Von links nach rechts: Anna von Weling, Reverend Walker, Pastor Theodor Jellinghaus, Dr. Friedrich Wilhelm Baedeker, Ernst Gebhardt, Theophil Wilms

Anna hatte sich etwas Besonderes einfallen lassen. Am letzten Konferenztag, am Freitag, dem 1. September, trat sie nach vorne: „Ich bitte alle Besucher, sich hinter dem Allianzhaus einzufinden." Die Gäste waren erstaunt. Aber Anna hatte die Organisation der Konferenztage fest im Griff. Niemand widersprach. Hinter dem Haus wartete ein Fotograf. Alle Konferenzteilnehmer kamen auf das Bild, das man dann für 1,50 Mark kaufen konnte. Ein weiteres Bild wurde von den Rednern der Konferenz gemacht. Das war für 1,20 Mark zu haben. Fortan kam zu jeder Konferenz ein Fotograf. Die Erinnerungsfotos wurden zur Tradition.

Ein treuer Gast der Konferenzen war Pastor Dr. Arnold Frank aus Hamburg. Sein Anliegen war die Verkündigung Christi unter den Juden. Er war seit 1884 Pastor der evangelisch-lutherischen Jerusalem-Gemeinde in der Hafenstadt. Dort hatte er als jüdischer Mann selbst zum Glauben an Jesus als Messias gefunden. Seine Erfahrung und Erkenntnis wollte er seinen jüdischen Brüdern bringen. Daher hatte er Theologie studiert und leitete nun in Hamburg eine wachsende Gemeinde mit evangelistischen und diakonischen Arbeitszweigen. Begonnen hatte die Arbeit damit, dass die irisch-presbyterianische Kirche materielle und geistliche Unterstützung für Juden angeboten hatte. Viele der angesprochenen Juden kamen aus Osteuropa, um von hier aus ihr Glück in Amerika zu suchen. Zunächst gab es ein Wohnheim für die jüdischen Auswanderer, später wurde ein großes Gemeindezentrum daraus. „So, wie das Volk Israel nur in der Verbindung mit seinem Gott die Geschichte überdauerte, so ist es mit der Kirche Christi. Nur wenn Jesus als der gekreuzigte und auferstandene Erretter gepredigt wird, hat die Gemeinde das Recht zu existieren", mit diesem Grundsatz war Arnold Frank in Blankenburg ein hochwillkommener Gast. Ähnlich wie er hatten viele der ständigen Besucher Missionsarbeiten und diakonische Arbeiten gegründet. Die Konferenz war der Ort des Austausches und der gegenseitigen Stärkung.

„Lina, hast du die Gästezimmer alle fertig?", fragte Anna ihre Haushälterin. Man schrieb das Jahr 1896.

„Ich habe die Mädchen beaufsichtigt. Alle Zimmer sind ordentlich und sauber. Die Gäste können kommen. Zudem habe ich in der Küche reichlich Vorräte angelegt, sodass alle gut versorgt werden. Für die Tage der Konferenz habe ich auch eine weitere Küchenhilfe engagiert. Alles ist gut geplant, aber aufgeregt bin ich schon. So viele Besucher hatten wir noch nie. Wollen Sie wirklich keinen Beitrag für die Unterkunft erheben?", fragte Lina zurück.

„Aber Lina, das sind doch unsere Brüder und Schwestern. In Mildmay, bei Bruder Pennefather, geht es doch auch. Alle sollen meine persönlichen Gäste sein. Jeder ist mir herzlich willkommen", erklärte Anna ihre Prinzipien. Sie war sich sicher, dass Gott seinen Segen auf die Konferenz legen würde. Darum rechnete sie damit, dass ihr finanziell kein Schaden entstehen würde. „Wenn es dich beruhigt, Lina, dann können wir ja wieder ein Spendenkästchen an die Tür stellen. Bisher haben wir noch nie Verluste gemacht. Der geistliche Segen übersteigt auf jeden Fall das, was wir an Arbeit und

Liebe investieren. Viele Gäste geben freiwillig für die Konferenz und es hat sich immer ausgeglichen.

Schick mir doch bitte die Kinder herein. Ich will hören, ob sie ihre Gedichte zur Begrüßung der Gäste aufsagen können, ohne stecken zu bleiben." Damit ging Anna zum nächsten Punkt ihrer Vorbereitungen über. Die Kinder waren ein wesentlicher Teil der Konferenz. Die Gäste bezeichneten sie oft als „Poesie des Hauses", weil sie mit ihrer Fröhlichkeit und den aufgeweckten Fragen die ernsten Gespräche ergänzten.

Der siebenjährige Willi war ganz aufgeregt, als er in Annas Arbeitszimmer kam. „Mama, wir haben doch das ganze Jahr über Gäste im Haus. Kommen jetzt noch mehr?", fragte er.

Anna erklärte ihm geduldig: „Weißt du, der Herr Jesus, der hat überall auf der Welt seine Gemeinde. Wer zu ihm gehört, ist ein Gotteskind. Es ist ganz wichtig, dass wir hören, wie es unseren Glaubensgeschwistern anderswo geht. Sie können uns erzählen, wie die Bibel zu verstehen ist und wie der heilige Gott die Menschen zur Umkehr ruft. Stell dir vor, diesmal kommt ein Mann, der hat sogar im fernen China eine Mission gegründet."

„China, ist das das Land, wo die Menschen so seltsame Augen haben? Wie kann man nur so weit fortgehen?", wunderte sich der Kleine.

Da wurde Carl aufmerksam. Er gehörte schon zu den großen Kindern. „Ich habe schon viel über China gelesen. Die Menschen leben dort ganz anders. Aber ist es nicht so, dass die Chinesen gar nicht gut auf die Ausländer zu sprechen sind?", fragte er. Das Land hatte es ihm besonders angetan. Später, als Erwachsener, sollte er China tatsächlich kennenlernen und bei der chinesischen Eisenbahn arbeiten.

Konferenzgäste 1894

„Hudson Taylor ist ein mutiger Mann. Er ist von Gott dazu berufen, gerade diesem Volk den Glauben an den Gott der Bibel zu bringen. Damit die Menschen ihn nicht abweisen, kleidet er sich genauso, wie es dort üblich ist. Weil er mit den Leuten lebt, hören sie ihm auch zu. Er möchte jeden einzelnen Menschen in diesem großen Land erreichen. Er hat eine Gesellschaft dafür gegründet, die China-Inland-Mission, und schon viele Missionare dorthin geschickt. Man kann viel von ihm lernen." Anna verfiel in Begeisterung, wenn sie an den bekannten Missionar dachte. Darum erzählte sie den Kindern, was ihr besonders gut an der Arbeit von Hudson Taylor gefiel. „Stellt euch vor: Für diese ganze große Arbeit bittet er niemals Menschen um Unterstützung. Es ist das Prinzip von Hudson Taylor, dass er nur Gott um Geld bittet. Niemand bekommt bei ihm ein festes Gehalt und doch versorgt Gott alle. Ist das nicht wunderbar? Er ist ein großes Vorbild im Glauben! Und dort in China ist es wichtig, dass die Menschen nicht an eine bestimmte Konfession gebunden sind. Sie lernen Jesus als den Retter aus Verlorenheit und Sünde kennen. So, das genügt jetzt. Liebe Kinder, ihr dürft Mister Taylor morgen selbst fragen, wie es in China aussieht", schloss sie und hörte nun Gedichte und Liedverse ab, mit denen die Kleinen die Konferenz bereichern sollten.

Nicht nur für Lina war die elfte Konferenz besonders aufregend. Anna hatte viel mehr zu planen als in den letzten Jahren. Die Nachricht, dass der berühmte China-Missionar Hudson Taylor nach Blankenburg kam, hatte großes Interesse geweckt. Diesmal wurden 170 Gäste erwartet. Der Saal im Allianzhaus war dafür eindeutig zu klein. Anna hatte den Saal der alten Schule von nebenan dazugemietet, und als der auch nicht reichte, wurden zusätzliche Veranstaltungen ins Rathaus verlegt. Für die Leitung der Konferenz und die Arbeit der Allianz hatten sich die Brüder zu einem Komitee zusammengeschlossen. Anna hatte alles mit ihnen abgesprochen. Theodor Jellinghaus, ein Pfarrer aus der Potsdamer Gegend, hatte gute dogmatische

Grundsätze zur Heiligung und zum Einssein der Christen entwickelt. Ihn hatte man gebeten, das Programm aufzustellen. Wie jedes Jahr begann die Konferenz mit einer bewegenden Gebetsversammlung, und wie jedes Jahr wurde zum Abschied das Lied gesungen:

Gott mit euch, bis wir uns wiedersehn!
Mög er ratend ob euch walten,
euch bei seiner Herd erhalten!
Gott mit euch, bis wir uns wiedersehn!

Refrain: Wiedersehn! Wiedersehn!
Einst vor Gottes Thron wir stehn!
Wiedersehn! Wiedersehn!
Gott mit euch, bis wir uns wiedersehn!

Gott mit euch, bis wir uns wiedersehn!
Mög sein Fittich euch bedecken!
Mögt sein Lebensbrot ihr schmecken!
Gott mit euch, bis wir uns wiedersehn!

Gott mit euch, bis wir uns wiedersehn!
Wenn sich Wetterwolken türmen,
mög sein ewger Arm euch schirmen!
Gott mit euch, bis wir uns wiedersehn!

Gott mit euch, bis wir uns wiedersehn!
Schenk euch Liebe zum Paniere,
durch des Todes Flut euch führe!
Gott mit euch, bis wir uns wiedersehn!

Danach saß Anna noch mit dem Komitee zusammen. Bruder Baedeker meinte: „Ich habe den Eindruck, es war diesmal eine besonders gesegnete Konferenz."

Auch Ernst Gebhardt war noch nicht abgereist. Am folgenden Tag sollten noch Absprachen für das Allianzblatt getroffen werden. „Ich bin froh, dass noch einmal ganz deutlich wurde, woran man erkennt, dass jemand sich wirklich bekehrt hat. Bei mir war es jedenfalls so: Ich hatte die Brüder lieb. In diesen Tagen habe ich das wieder stark empfunden. Bei allen Kämpfen in unseren alltäglichen Arbeiten tut es so gut, die Brüder zu treffen und aufeinander zu hören. Das stärkt mich jetzt wieder für die Auseinandersetzung mit der Amtskirche bei mir zu Hause in Karlsruhe", sagte er.

„Ich kann es gar nicht fassen, dass sogar der Bruder des Königs von Schweden angereist ist. Prinz Bernadotte hat sich sehr oft zu Wort gemeldet und gute Beiträge eingebracht", meinte jemand.

„Eines habe ich von Bruder Taylor gelernt", steuerte Anna zur Auswertung bei. „Es gibt nichts Traurigeres, als wenn wir Gott nicht vertrauen. Darum will ich auch in Zukunft keine Mühe scheuen, wieder zur Konferenz einzuladen. Ob wohl im nächsten Jahr wieder so viele Besucher kommen werden?"

„Wir können mit dankbarem Herzen zurückschauen. Die Zukunft der Konferenz wollen wir Gott anbefehlen. Lasst uns für diese Aufgabe beten. Man kann arbeiten, ohne zu beten. Aber man kann nicht beten, ohne zu arbeiten. Wenn wir so an die nächsten Schritte herangehen, werden sie gesegnet sein", sagte ein anderer Bruder.

Im folgenden Jahr kamen 300 Gäste zur Konferenz. Anna hatte in der Stadt Quartiere gemietet. Als sich die Konferenzleitung zur Auswertung traf, wurde ein mutiger Beschluss gefasst. „Wir brauchen mehr Platz", sagte Pastor Jellinghaus, „das ist keine gute Lösung, wenn wir im Rathaus unsere Versammlungen abhalten müssen." Zuerst war die Allianzstube im Vereinshaus zu klein geworden. Dann hatte Anna das Allianzhaus mit 150 Plätzen gebaut. Dieser Saal war nun auch zu klein. Es musste etwas passieren. Viele Verkündiger hatten auf diesen Konferenzen eine Erneuerung ihres Glaubens erlebt und die Auswirkungen auf die Gemeinden waren überall sichtbar. Dankbare Briefe kamen im Allianzhaus an. Manche wurden sogar im Allianzblatt abgedruckt. Dort waren ebenso die Vorträge der Konferenzen nachzulesen.

Auf der letzten Seite stand regelmäßig, welche Spenden für die verschiedenen Arbeiten eingegangen waren.

Konferenzgäste 1895

Es gab drei Möglichkeiten zu geben: Einmal in den Fonds zur Aufnahme müder Reichsgottesarbeiter. Anna hatte von Anfang an im Blick, dass Menschen im Verkündigungsdienst Unterstützung brauchten, um selbst aufzutanken und sich zu erholen. Weitere Spenden wurden für die Arbeit des Allianzhauses und für die Kinder des Allianzhauses erbeten. Im Komitee brachte Anna jetzt ihre Idee zur Sprache. Sie hatte schon lange davon geträumt. „Oberhalb der Allianzhäuser, auf dem Weg zur Burgruine, da liegt ein schönes großes Grundstück. Wenn man das erwerben könnte? Es wäre der ideale Platz für eine Konferenzhalle. Hier ist der Ausblick auf die Stadt besonders schön und es wäre genug Platz", schlug sie vor.

Gustav Kaiser meinte: „Ich kann mir gut vorstellen, dass die Freunde unserer Konferenz uns Spenden schicken. Mit ihrer Hilfe könnte man das Wagnis angehen. Aber es ist ja kein Wagnis, wenn Gott seinen Segen darauf legt."

Auch Ernst Gebhardt war begeistert. „Mit frohem Mut können wir dieses Werk auf jeden Fall beginnen. Wir haben ja einen großen Gott", gab er sein Einverständnis.

Der erste Tag der dreizehnten Konferenz gehörte zu den bedeutendsten in Annas Leben. Es war der 29. August 1898. Das ganze Jahr über war gebaut worden. Die Konferenzhalle war fertig. Der Blankenburger Stadtrat und Zimmermeister August Zimmermann hatte sie als einfachen Fachwerkbau errichtet. 800 Personen fanden darin Platz. 500 Gäste hatten sich angemeldet. Hinzu kamen viele Besucher aus der Stadt und dem Umkreis. In der Zeitung hatte man lesen können: „Da alle vorhandenen Räumlichkeiten zur Aufnahme der Konferenz sich längst als zu klein erwiesen, ist jetzt direkt über dem Allianzhaus ein 650 Sitzplätze umfassender großer Konferenzsaal erbaut worden. Derselbe wird abends durch Acetylen-Gas taghell erleuchtet."

Konferenzredner 1896

Anna war mindestens so aufgeregt wie bei der ersten Konferenz. Aber noch immer hatte sie den Spruch ihrer Mutter im Hinterkopf: „Haltung bewahren!" Gewöhnlich gab sie kein Geld für besondere Kleidung aus. Doch für diesen Anlass hatte sie sich ein Seidenkleid aus leuchtend blauer und weißer Seide nähen lassen. Die Einweihung der Halle sollte allen Besuchern lange in Erinnerung bleiben. Auch die Kinder waren besonders fein herausgeputzt. Anna hatte zu der Zeit gerade ein indisches Geschwisterpaar aufgenommen. Diese

Kinder führte sie rechts und links an der Hand, als sie wie eine Fürstin den Berg hinauf zum Eingang der Halle schritt. Die anderen Kinder folgten ihr. Die Gäste standen Spalier.

An der großen, braunen Eingangstür erwartete sie der Baumeister. Feierlich überreichte August Zimmermann Anna den Schlüssel. Als sie ihn ins Schloss steckte, stand Dr. Baedeker neben ihr. „Ich weihe diese Halle dem Dienst des Herrn", sagte Anna für alle laut hörbar. Als die Gäste die Halle betraten, fiel ihnen zuerst der große Schriftzug an der Stirnwand auf. Große schwarze Buchstaben verkündeten das Motto der Konferenz: „Unum corpus sumus in Christo." Rechts und links an den Wänden standen Bibelverse in deutscher, französischer, italienischer, russischer, türkischer und schwedischer Sprache.

Baedeker begrüßte mit bewegenden Worten die Gäste. Dann folgte eine Gebetsstunde mit viel Lob und Dank. Jeder Konferenztag begann mit einer Gebetsstunde in der Zeit von 8 bis 9 Uhr. Vormittags und nachmittags fanden jeweils von 10 bis 11 Uhr, von 15 bis 16 Uhr, von 17 bis 18 Uhr und von 20 bis 22 Uhr Versammlungen statt. Ein Redner erzählte später von der Grundsteinlegung im Frühjahr: „Die verschiedenen Sprachen, die bei der Grundsteinlegung der Halle gesprochen wurden, gaben Zeugnis von dem Einfluss, welchen Fräulein von Welings Werke hervorgerufen hatten. Deutsch, Englisch, Irisch, Telugu (Südindien), Türkisch, Armenisch wurden gehört … Eines Tages, als wir zu Tische saßen, zählten wir die Sprachen derer, die zu Tische saßen, und erreichten die Zahl 16 …"

Anna hatte während der Konferenz viel zu tun. Auch bei der wachsenden Besucherzahl achtete sie noch immer auf die Tischordnung, die sie mit Güte und Charme aufstellte. So fanden neue Konferenzbesucher schnell Kontakt. Es war ihr wichtig, dass in jeder Hinsicht Menschen zusammengeführt wurden, die einen lebendigen Glauben hatten. „Die Einweihung der großen Konferenzhalle ist ein Zeichen des Segens Gottes", sagte man unter den Besuchern. „Das ist ein großer Fortschritt für die Evangelische Allianz und ein Zeichen dafür, dass Gott hier auch in Zukunft seinen Segen reichlich ausschütten wird", hörte man bei Tisch.

Für Anna war es die Krönung ihres Werkes. „Ich kann nur staunen, wie Gott aus den kleinen Anfängen etwas so Großes hat wachsen lassen. Dafür habe ich mich in all den Jahren eingesetzt. Es gab genügend Widersacher. Wie froh bin ich, dass Gott mir diese Bestätigung meines Weges schenkt", sagte sie ihren Vertrauten. Die Fertigstellung der Halle war ein Geschenk Gottes. Am Tag der Grundsteinlegung war gerade genug Geld vorhanden gewesen, um das Grundstück zu bezahlen. Nun konnten die Gäste hier eine wunderbare Konferenz erleben.

Für die Konferenz hatte Anna ein besonderes Lied aus dem Englischen übersetzt. So, wie die Halle auf dem festen Grund des Berges stand, so stand die Kirche auf festem Grund, wenn sie sich auf Jesus Christus berief. Vielstimmig schallte es über die Stadt, als Ernst Gebhardt anstimmte. Einige Gäste sangen das Lied in ihrer Muttersprache. Aber das machte nur noch deutlicher, dass hier eine Einheit herrschte, die nicht von

Menschen gemacht werden konnte. Auch diese Konferenz sollte allen lange in Erinnerung bleiben.

Die Kirche steht gegründet allein auf Jesus Christ,
sie, die des großen Gottes erneute Schöpfung ist.
Vom Himmel kam er nieder und wählte sie zur Braut,
hat sich mit seinem Blute ihr ewig angetraut.

Erkorn aus allen Völkern, doch als ein Volk gezählt,
ein Herr ist's und ein Glaube, ein Geist, der sie beseelt,
und einen heilgen Namen ehrt sie, ein heilges Mahl,
und eine Hoffnung teilt sie, kraft seiner Gnadenwahl.

Es schauet ihre Trübsal die Welt mit kaltem Spott:
zerrissen und zerspalten, bedrängt von harter Not.
Doch heilge Wächter rufen: Wie lang, Herr,
bleibst du fern?
Und auf die Nacht des Trauerns folgt bald der Morgen-
stern.

Verfolgt und angefochten in heißem Kampf und Strauß
schaut nach der Offenbarung der Friedenszeit sie aus;
sie harrt, bis sich ihr Sehnen erfüllt in Herrlichkeit,
und nach dem großen Siegen beginnt die Ruhezeit.

Schon hier ist sie verbunden mit dem, der ist und war,
hat selige Gemeinschaft mit der Erlösten Schar,
mit denen, die vollendet. Zu dir, Herr, rufen wir:
Verleih, dass wir mit ihnen dich preisen für und für.

26. Zwanzig Mark

Mit der wachsenden Besucherzahl machte sich die Konferenzleitung mehr Gedanken über die Finanzierung der Tagung. Doch obwohl sie immer wieder darauf angesprochen wurde, blieb Anna dabei: „Ich will der Konferenz eine Mutter sein. Darin will ich ganz und gar Gott vertrauen, dass er für alles sorgt, so, wie er mir auch hilft, meine Kinder zu versorgen. Es kommen so viele Leute aus gutem Hause. Für sie ist es kein Problem, nach Blankenburg zu reisen. Aber ich möchte, dass auch Arme die Möglichkeit haben, den Segen der Konferenz zu erleben."

Gustav Kaiser gehörte zu denen, die die Konferenz über die Jahre miterlebt und für sie gebetet hatten. „Aber Anna", fragte er, „du hast doch sicher auch schon gemerkt, dass sich einige Besucher auf deine Kosten ein paar schöne Tage bei freier Verpflegung machen?"

„Natürlich habe ich das nicht übersehen. Aber ich sehe auch, wie viele begüterte Gäste in großer Treue ihr Geld in den kleinen Opferstock am Eingang einlegen", ließ sich Anna nicht von ihrer Einstellung abbringen. Zu diesem Thema musste sie noch etwas berichten: „Wir haben viele begüterte Gäste. Einer von ihnen ist Oberpfarrer Büttner aus Kelbra. Er kommt schon seit der ersten Konferenz. Gleich nach seiner Ankunft überreicht er mir bei jeder Konferenz mehrere Goldstücke. Ihm ist es so wichtig, dass die Allianzkonferenz stattfinden kann, dass er mit Freuden gibt. Das Spenden ist eine vornehme Aufgabe der Begüterten. Jeder lebendige Christ weiß das."

So blieb es dabei, dass nur am Türpfosten eine Büchse stand, die dazu einlud, sich an den Kosten der Konferenz zu beteiligen. Nach jeder Konferenz wurde abgerechnet. Tatsächlich war es immer so, dass Ausgaben und Einnahmen sich gerade so deckten. Einmal fehlten 20 Mark. Die Mitstreiter nahmen das zum Anlass für einen neuen Versuch, Anna davon zu überzeugen, dass sie doch einen Konferenzbetrag erheben solle. Doch sie ließ sich nicht beirren. Mit den Worten „Der Herr wird das Fehlende schon noch drauflegen", wischte sie alle Anfragen vom Tisch.

Gustav Kaiser kutschiert Anna von Weling 1892

Am folgenden Tag fuhr sie mit Gustav Kaiser nach Rudolstadt, um ausstehende Rechnungen zu begleichen. Auf dem Rückweg musste die Kutsche anhalten. Frau Landrat Holleben trat aus ihrer Villa und winkte. Das Pferd blieb stehen. Anna grüßte die Dame freundlich.

Diese trat an die Kutsche heran. „Wie gut, dass ich Sie sehe", begann Frau Holleben. Mit den Worten „Ich wollte Ihnen schon lange eine kleine Gabe für Ihr Werk zukommen lassen" überreichte sie Anna einen Umschlag.

Diese bedankte sich freundlich. Die Kutsche rollte weiter. Als Anna den Umschlag öffnete, kam ein Zwanzigmarkstück zum Vorschein. „Da siehst du, wie treu und pünktlich der Herr mit seiner Hilfe ist", fühlte sich Anna bestätigt. Sie machte oft solche Erfahrungen, auch wenn es um weit größere Summen ging. Es war für sie ein Ansporn, noch mehr für ihre Arbeit, besonders für die Konferenz, zu beten. Jede Erhörung, besonders in Zeiten schwerer Not, war für sie ein Grund, noch mehr mit Gott darüber zu reden.

Konferenzredner 1899. In der ersten Reihe von links nach rechts: General von Viebahn, Oberst von Knobelsdorff, Anna von Weling, Dr. Friedrich Wilhelm Baedeker, Pastor Theodor Jellinghaus

27. Angekommen

Gustav Kaiser wunderte sich. Er war wieder einmal zu Besuch im Allianzhaus. Doch diesmal traf er Anna nicht bei der Arbeit an und auch nicht beim Unterrichten der Kinder. Lina begrüßte ihn. Ernst Fritz Hoyer war eifrig dabei, für Anna die Geschäfte zu führen. Gustav traute ihm nicht. Der fein gekleidete Mann mit seinen Lackstiefeln passte irgendwie nicht in die Arbeit der Allianz. Aber was konnte Gustav schon dazu sagen? Er wusste noch nicht einmal, woher dieser Mann kam. Wahrscheinlich hatte er die Konferenz besucht. Anna schenkte dem Mann ihr ganzes Vertrauen. Gustav ließ sich auf kein Gespräch mit ihm ein. „Wo finde ich Anna?", fragte er kurz angebunden.

„Oh, es geht ihr nicht so gut. Sie kommt nur noch selten aus ihrem Zimmer. Ich sage Lina Bescheid. Die wird Sie hineinführen", gab Hoyer Auskunft. Das war ungewöhnlich.

Gustav konnte sich nicht vorstellen, dass Anna sich irgendwie hängen ließ. „Wie geht es dir, meine liebe Anna?", fragte er zum Gruß.

„Es geht mir vorzüglich. Ich habe viel Zeit, um mit meinem Herrn zu sprechen", entgegnete Anna, die in ihrem Sessel saß. Lina hatte sie fürsorglich hineingebettet und ihr die Füße hochgelegt. „Es ist das Herz. Du weißt doch, Gustav, ich hatte schon immer ein wenig damit zu kämpfen", lächelte sie müde.

So hatte Gustav Anna noch nie erlebt. Doch nur ihr

Körper war schwach. Ihr Geist war rege und bald entspann sich ein bewegendes Gespräch. „Hast du schon einen Arzt konsultiert?", fragte Gustav.

„Wozu brauche ich einen Arzt? Ich bin doch ein Kind Gottes. Der sagt: Ich bin der Herr, dein Arzt. Du kennst die Bibelstelle im Alten Testament! Du weißt besser als jeder andere, dass mir das Herz schon in der Jugend gebrochen ist. Ich habe nicht vielen Menschen anvertraut, wie sehr es mich schmerzte, dass ich damals meinen Tom nicht heiraten durfte. Nun ist mein Herz ganz schwach geworden. Dabei hatte ich fest daran geglaubt, dass ich die Wiederkunft unseres Herrn miterleben darf. Aber nun muss er sich beeilen, sonst bin ich eher bei ihm im Himmel. Dort wird dann alles vereint, was auf dieser Erde getrennt war", erklärte Anna. Sie hatte sich viele Gedanken darüber gemacht. Nun war sie froh, dass sie mit Gustav darüber sprechen konnte.

Auch Dr. Baedeker und Pastor Jellinghaus hatten sie in den letzten Wochen noch besucht. Anna erzählte ihnen, dass sie alles für die Zeit nach ihrem Tod geregelt hatte. Ihr Testament hatte sie in Rudolstadt hinterlegt und immer wieder den Veränderungen angepasst. Jetzt war es Mai und draußen grünte und blühte es üppig. Die Natur war zu vollem Leben erwacht. Doch Anna war müde geworden. „Seit Ende März konnte ich mein Arbeitszimmer nicht mehr betreten. Du siehst, ich bin bereit. Wenn Christus jetzt nicht kommt, so gehe ich gerne zu ihm. Er ist mein Erlöser und ich brauche mich nicht vor dem Tod zu fürchten", erklärte sie Gustav. Dann zeigte sie ihm die Unterlagen: Ihre persönlichen

Dinge hatte sie Ernst Fritz Hoyer anvertrauen. Für die Arbeit der Allianz sollte das Komitee zuständig sein. „Hier, ich habe auch meine Beerdigung schon geplant. Die Lieder und die Bibelverse sind ausgesucht. Ich möchte, dass nicht zu viel über mein Leben gesprochen wird. Lob und Dank sollen im Mittelpunkt stehen. Dem Herrn entgegenzugehen, das ist doch das Beste, was wir zu erwarten haben. Wir haben so oft über Gottes himmlische Herrlichkeit gesprochen. Erinnerst du dich: ‚Es wird die ganze Ewigkeit nötig sein, um Gott zu erkennen, wie er ist‘, so haben wir immer gesagt. Bald komme ich dem viel näher.“

„Aber Anna, dein Geist ist noch wach. Warum solltest du so bald diese Welt verlassen? Doch es ist gut, wenn wir jetzt noch miteinander sprechen. Ich habe gerne mit dir gemeinsam für die Allianz der Christen gearbeitet. Wir wollen darauf warten, dass Gott selbst weiter sein Reich in dieser Welt baut. Zur letzten Konferenz haben wir über die Evangelisation der Welt gesprochen. Gott wird uns noch in vielfacher Weise gebrauchen. Die Gebete, die von diesem Haus ausgingen, haben sich in aller Welt ausgewirkt“, lenkte Gustav das Gespräch auf die gemeinsame Arbeit.

„Ich staune noch immer. Es sind noch mehr Besucher gekommen. Diesmal waren es schon über 1000. Es ist eine Freude, wie Gott hier segnet“, pflichtete Anna ihm bei. Ihre Gedanken waren jedoch schon weit voraus. „Gustav, du weißt, dass ich hinter der Halle beerdigt werden möchte. Ich habe es allen meinen Vertrauten gesagt. Mit Ernst Fritz habe ich es abgesprochen, aber du sollst es auch wissen. Ich möchte nur ein schlichtes Grab. Man soll nur Efeu darauf pflanzen. Auf dem Steinkreuz soll das Wort ‚Halleluja' zu lesen sein. Das Lob Gottes soll über meinem Leben und Sterben stehen. Bitte sorge mit dafür, dass alles so ausgeführt wird, wie ich es mir wünsche. Das tust du doch für mich?", fragte sie eindringlich.

Gustav wusste, dass es schwer werden würde, diesen Wunsch zu erfüllen. Die Stadt hatte einen guten Friedhof. Warum nur musste Anna bis zuletzt ihre eigenen Wege gehen?, fragte er sich. Doch er sprach es nicht aus. Als Anna ihm dann noch den Liedvers vorlas, den sie für ihre Beerdigung geschrieben hatte, da war Gustav klar: So war Anna – eine Frau, die ihr Leben lang mit aller Kraft für Gott gearbeitet hatte. Aber auch eine Frau, der es nicht an Selbstbewusstsein mangelte. Dieses Lied sollte auf jeden Fall bei der Beerdigung gesungen werden:

Ach mein Herr Jesu, wenn ich dich nicht hätte
und wenn dein Blut nicht für die Sünder redte,
wo wollt ich Ärmster unter den Elenden
mich sonst hinwenden?

Ich wüsste nicht, wo ich vor Jammer bliebe;
denn wo ist solch ein Herz wie deins, voll Liebe?
Du, du bist meine Zuversicht alleine,
sonst weiß ich keine.

Hättst du dich nicht zuerst an mich gehangen,
ich wär von selbst dich wohl nicht suchen gangen;
du suchtest mich und nahmst mich voll Erbarmen
in deine Armen.

Nun dank ich dir vom Grunde meiner Seelen,
dass du nach deinem ewigen Erwählen
auch mich zu deiner Kreuzgemeinde brachtest
und selig machtest.

„Liebe Anna, das trägt uns. Wie gut ist es zu wissen, dass Jesus für unsere Sünden sein teures Blut vergossen hat. Aber diese letzte Strophe, die du selbst dazu geschrieben hast?", fragte Gustav vorsichtig nach.

„Aber ja, das ist mir wichtig. Ich möchte, dass alle bei meiner Beerdigung diese Zeilen singen. Meinst du nicht, dass Gott sich über meine Arbeit für ihn freut?", antwortete Anna und las selbst vor, was sie geschrieben hatte:

Ach mein Herr Jesu, wenn du mich nicht hättest,
für den du täglich zu dem Vater betest,
nicht schenkten Himmelsfreuden deinem Herzen
den Lohn der Schmerzen.

Erklärend fügte sie hinzu: „Das ist mein Herzensanliegen. Das hat mein Leben bestimmt. Ich wollte meinem Retter, dem Herrn Jesus, der für mich gelitten hat, immer Freude machen. Dafür habe ich gelebt. Ach, wenn ich doch erst zu Hause wäre." Sie sagte das in einer Bestimmtheit, die Gustav verstummen ließ. So würde er niemals predigen, das war ihm bewusst. Aber so hatte Anna gelebt.

Am 21. Mai des Jahres 1900 war sie angekommen. Ihr himmlischer Vater nahm sie zu sich. Lina war bei ihr und berichtete, dass Anna ohne schweren Todeskampf heimgegangen war.

Für ihre Kinder war das eine schlimme Nachricht. Die Mädchen hatten abwechselnd nachts an ihrem Bett gewacht. Nun hatten sie ihre Mutter verloren und waren doppelt verwaist. Für sie begann eine schwierige Zeit, denn es fand sich niemand, der in gleicher Weise für sie gesorgt hätte. Sie wurden einfach an andere Eltern verteilt.

Grab von Anna Thekla von Weling heute

Annas sterbliche Hülle wurde in der Konferenzhalle aufgebahrt. Die Menschen aus der Stadt und vom Thüringer Wald strömten herbei, um sich von dem „gnädigen Fräulein" zu verabschieden. Viele hatten mit ihr eine Wohltäterin verloren. Blumen und Kränze füllten bald den Raum und Freunde der Allianz aus aller Welt reisten an, um Anna das letzte Geleit zu geben. Am Himmelfahrtstag, dem 24. Mai 1900, wurde sie hinter der Halle beerdigt, so wie sie es sich gewünscht hatte. Dr. Baedeker las die Worte vor, die sie selbst verfasst hatte. Sie kündeten von der Auferstehung und vom Sieg des Glaubens. Die Trauer war groß. Alle waren sich einig: „Wo sie Gelegenheit fand, etwas Gutes zum Aufbau des Reiches Gottes sowie allerlei Leuten zum Segen zu tun, tat sie es mit all ihrer Kraft und Ausdauer."

Nachrufe

Anna Thekla von Weling erinnerte unwillkürlich daran, dass Gottes Kraft in den Schwachen mächtig ist. Als ich vor 15 Jahren durch Dr. Ziemann mit ihr bekannt wurde, hatte sie eine weite Rundschau über die Evangelisation in Deutschland und bewillkommnete jeden Verkündiger des Evangeliums und jeden Arbeiter für die Ausbreitung des Reiches Gottes mit warmem Enthusiasmus, und so wurden wir sehr bald herzlich verbunden durch das Streben nach einem Ziel. Es gestaltete sich alsbald eine kleine Zusammenkunft von gleichgesinnten Freunden, worin es sich bald herausstellte, dass das freie volle Evangelium der gemeinsame Grund sei, in dem alle Gläubigen Eins sein können, ohne durch kirchliche oder nationale Grenzen getrennt zu werden. Die erste Konferenz verlieh Ausdruck dem in vielen Herzen schlummernden Bewusstsein der Einheit in Christo, trotz aller verschiedenen Gestaltungen, je nach Maß der Erkenntnis, und es fand sich bald, dass in diesem Sinne einem vielfach bestehenden Bedürfnis entsprochen werde. Dieser Gedanke hatte bald eine große Anziehungskraft für Brüder und Schwestern aus allen Kreisen. Der Gedanke, ein Blatt als Organ dieser Bewegung zu drucken, war Fräulein von Welings und fand bald Anklang von vielen Seiten. Die Abonnentenzahl nahm rasch zu. Die Konferenzen wurden mit jedem Jahr besser besucht und von allen Teilen Deutschlands nicht allein, sondern von England, Schweden, Finnland,

Russland, Holland usw. kamen Brüder und Schwestern zu den Konferenzen, nicht etwa, um Partei zu nehmen, sondern um dem gemeinsamen tief liegenden Bedürfnis Ausdruck zu geben. So ist die Gemeinschaft unter den Versammelten stets eine warme, herzliche und förderliche gewesen. Bei den Zusammenkünften wurde von Unterschieden der Erkenntnis kaum geredet.

F. W. Baedeker, Weston-super-Mare, Bristol/England

Fräulein von Weling war eine durch und durch außergewöhnliche Persönlichkeit schon vor ihrer Bekehrung. Würdest du sie mit einem gewöhnlichen Metermaße messen wollen, so käme die Gemessene zu kurz dabei.

Das Leben und geistige Wirken Anna von Welings lässt uns in die Tiefe des Schriftwortes blicken: „Hier ist weder Mann noch Weib!"

Hatte der Herr Jesus im „Reiche Gottes" gepredigt, so kämpfte Anna von Weling rastlos für die Ausdehnung dieses Reiches. Es werden in der Reichsgottesarbeit so viele partielle Siege erstrebt, die für das Ganze keinen Wert haben. Fräulein von Weling glich aber einem Generalstabschef, der das „Ganze" im Auge hat.

Das kleine Häuflein, das sich im Jahre 1886 zum ersten Male in Blankenburg zusammenfand, war im Jahre 1899 zu einer Armee angewachsen. Nicht jeder tüchtige Hauptmann hat das Zeug zu einem tüchtigen General. Hier standen die Aufgaben mit den „Gaben" in dem richtigen Verhältnisse.

Curt v. Knobelsdorff, Berlin

Wir weinen hauptsächlich mit den Kindern, die in Fräu-
lein von Weling eine wahre Mutter verloren haben. Möge
der Vater der Verlassenen diesen schmerzlichen Verlust
zum Segen werden lassen an den Herzen dieser Kinder!
Ja, dieser unerwartete Tod betrübt uns aufs Tiefste und
zeigt uns, wie innig wir diese Freundin geliebt haben.

Anna von Weling arbeitet mit Eifer in der Ecke ihres
Weinberges, aber ohne Egoismus; sie freut sich des Er-
folgs anderer Arbeiter, weil sie den Herrn des Weinber-
ges mehr liebte als den Weinberg.

Ihr in Jesu Dienst G. und C. Comandi
Florenz, Mai 1900

Fräulein von Weling war von Jugend auf ein Mitglied der
evangelischen Landeskirche und ist es auch geblieben.
Aber schon durch ihre Bekehrung in der schottischen re-
formierten Kirche und ihren weiten Blick in Sachen des
Reiches Gottes war sie aller konfessionellen Engherzigkeit
aufs Tiefste abhold. – Am Anfang kamen aus der Landes-
kirche sehr wenige zur Konferenz. Die meisten deutschen
Teilnehmer waren Methodisten und Baptisten. An Dr.
Baedeker, der immer mehr ein treuer väterlicher Freund
und Berater wurde, an dem seligen Sänger und geistes-
mächtigen Evangelisten Ernst Gebhardt, an Oberstl. v.
Knobelsdorff mit mehreren anderen fand sie einen festen
Halt und Schutz.   *Theodor Jellinghaus, Potsdam*

Indem der Herr Jesus Anna von Weling berief, sandte
Er eine mit hervorragenden Geistesgaben ausgestat-
tete Jüngerin in seinen Weinberg, deren Begabung die

durchschnittlichen Gaben der meisten Reichsgottesarbeiter weit überstieg. Sie war reich begabt! Sprachenkennerin, Dichterin, Predigerin, Organisatorin, Journalistin, Übersetzerin, Leiterin, Hausfrau.

Die Liebe Jesu trieb und stärkte sie zu einem Werke, unter dem andere erlegen wären, und setzte sie zum Segen für Deutschland, Russland, Schweden, Großbritannien und andere Länder. Sie war in der Tat wertvoller als Edelstein: Sie tat Gutes und kein Leides ihr Leben lang – sie dachte an einen Acker und kaufte ihn – sie breitete ihre Hände zu den Armen und reichte ihre Hand den Bedürftigen – Kraft und Ehre war ihr Gewand – und sie tat ihren Mund auf mit Weisheit – lieblich und schön sein ist nichts –, sie fürchtete den Herrn und darum soll man sie loben.

Ich habe oft ihre Güte und Freundlichkeit erfahren dürfen und bin stolz auf ihre Freundschaft und dankbar dafür, dass ich sie gekannt habe. Ihrem Herrn allein gebührt die Ehre!   John Gritton, Dr. theol., London

Ihre Fürsorge für alles war geradezu bewundernswert. Ich glaube, im vorigen Jahr hat sie über 800 Personen täglich beköstigt und alle Einzelheiten in Bezug auf Beköstigung, das Decken der Tische, die Gruppierung der Gäste wurden von ihr bestimmt. Ein Londoner Wirt hätte schwerlich besser für den Komfort seiner Gäste und für eine bessere Küche sorgen können, als sie es tat. Alle Hotels und Schlafräume Blankenburgs waren für ihre Gäste belegt. Sie sorgte für das Unterkommen eines jeden Gastes, und das Wunderbarste war, dass es keine

Rechnungen gab, kein Fonds für Hilfsmittel existierte, nichts weiter als eine kleine Büchse an der Tür, in welche jeder, der es wünschte, seine Gaben legen konnte. Sie sagte mir, dass Einnahme und Ausgabe einander deckten, dass Gott für alle Bedürfnisse sorge, und für diejenigen von uns, welche wussten, welche Verantwortung sie auf sich genommen und welche Mühe und Aufmerksamkeit dieses Unternehmen erforderte, war es ein beständiges Wunder. Und trotz alledem konnte sie den regen Anteil an den Verhandlungen der Konferenz nehmen, konnte jeder Versammlung beiwohnen, als ob sie nichts anderes zu tun hätte, und ihre Hilfe als Dolmetscher war für mich von größter Wichtigkeit. Sie beherrschte das Englische und Deutsche so vollständig, hatte eine so schnelle Auffassungsgabe und solche Gewandtheit des Ausdrucks, dass wir überzeugt sein konnten, unsere Gedanken würden den Zuhörern in der bestmöglichen Weise übermittelt und durch ihren lebhaften Geist würde der Vortrag nur noch an Kraft und Wärme gewinnen. Wenn man durch sie als Dolmetscher sprach, hatte man den Eindruck des völligsten Zusammenwirkens. Des Nachts, wenn alles erledigt war, pflegte sie auf mein Zimmer zu kommen, um über die tiefsten Erfahrungen des christlichen Lebens zu sprechen, und zwar mit jener Ruhe des Herzens, welches alle Sorgen auf Gott geworfen hat. Welche segensreichen Gespräche hatten wir damals! Ich trank die Limonade, welche sie für mich bereitet hatte, und wie gerne legte ich die Arbeit beiseite, die mich gerade beschäftigte, um durch sie nun belebende Eindrücke zu erhalten.   F. B. Meyer, London

Nachlass

Anna hatte ihren Nachlass gut geordnet. In Rudolstadt hatte sie ihr Testament hinterlegt und immer auf dem neuesten Stand gehalten. Man war sich einig, dass die Häuser An der Esplanade der Allianz gehören sollten. Aus diesem Grund war ein Komitee gegründet worden. In den letzten Wochen ihres Lebens, während sie krank war, hatte sie jedoch eine entscheidende Gesetzesänderung verpasst. Am 1. Januar 1900 war das Bürgerliche Gesetzbuch in Kraft getreten. In ihrem Testament hatte sie alle Liegenschaften dem Allianzkomitee vermacht. Das Amtsgericht erkannte das Komitee jedoch nicht als juristische Person an. In aller Eile wurde eine GmbH gegründet. Das Gericht begann zunächst mit der Suche nach den leiblichen Erben, was sich als sehr schwierig erwies. Ihre leiblichen Verwandten lebten über die ganze Welt verstreut. Da es keine direkten Nachkommen gab, dauerte es sehr lange, bis alle ausfindig gemacht werden konnten.

Im Juli 1902 wurde das Grundstück samt allen Häusern schließlich versteigert. 55 557 Mark sollte das Anwesen mit den drei Häusern und der Halle kosten. Die Häuser wurden als möglicher Sommersitz angepriesen. Die Anzeige wurde auch im Evangelischen Allianzblatt veröffentlich. Damit verbunden war die Bitte um Gebet dafür, dass das Allianzhaus *nicht in fremde, weltliche Hände übergehe*. Am 15. Juli war dann im Allianzblatt zu lesen, dass kein weiterer Käufer zur Versteigerung erschienen war. Dank zahlreicher Spender konnte alles erworben werden. 20 000 Mark waren aus Russland eingegangen. Es blieben 35 000 Mark Schulden, für die im August, bei der nächsten Konferenz, gesammelt wurde.

Für die Kinder war der Tod ihrer Mutter ein schwerer Schlag. Sie wurden auf Pflegefamilien verteilt. Leider weiß man nur wenig davon, was aus ihnen geworden ist. Missionare, so wie Anna es sich gewünscht hatte, wurden sie nicht. Nur Albert, den Anna aus Pommern geholt hatte, besuchte später das Moody-Bible-Institut in den USA. Martha wurde Kindergärtnerin und Carl arbeitete bei der chinesischen Staatseisenbahn.

Zur ersten Konferenz ohne Anna kamen wieder 1000 Gäste. Mit Mühe wurde das materielle Erbe von Anna erhalten. Anders stand es mit dem geistlichen Erbe. Der Segen, den Gott auf ihr Werk gelegt hat, ist bis heute geblieben. Jedes Jahr versammeln sich Christen aus unterschiedlichen Denominationen zur Allianzkonferenz in Bad Blankenburg. Unzählige Menschen kamen in den Jahren seither dort zum Glauben oder wurden neu gestärkt. Was Gott durch Anna Thekla von Weling begonnen hat, ist noch lange nicht zu Ende.

Nachwort

Wer war diese Frau? Diese Frage bewegte mich, wenn ich Bilder von den ersten Allianzkonferenzen sah. Aufrecht, aber nie mit direktem Blick in die Kamera, sitzt sie unter den ehrwürdigen Männern. Eine Frau sollte diese Konferenz gegründet haben? Wie konnte das in jener patriarchalischen Gesellschaft gehen? War sie einfach nur reich genug, eben eine Adelige?

All diesen Fragen bin ich nachgegangen. Am Ende meiner Nachforschungen bin ich begeistert von der Frau, die ich kennengelernt habe. Anna passt in kein Schema. Sie trug einen Adelstitel und hatte das Format dafür. Ihr Reichtum bestand jedoch nicht in Geld oder Schätzen, sondern in ihrem festen Glauben an den Retter Jesus Christus. Es war ein Glaube, der in der Liebe tätig wurde. Die Seiten dieses Buches können nicht umfassend wiedergeben, was Anna von Weling bewirkt hat. Der Regenbogen war ihr Bild von der Vielfalt und dem Zusammenklang der Christen in der evangelischen Allianz. Es ist aber auch ein Bild für die Vielfalt der Tätigkeiten, der Begabungen und des Wirkens von Anna von Weling.

Wer sich in der Geschichte der Allianz auskennt, wird mit Sicherheit manches vermissen, was im Leben dieser Frau von Bedeutung war. Es war auch nicht möglich, alle die bekannten und bewährten Brüder und Schwestern zu beschreiben und beim Namen zu nennen, die ihre Arbeit begleiteten und ihr als treue Berater zur Seite standen. Kaum überschaubar ist die Zahl der Werke und Aktivitäten, die in jener Zeit gegründet wurden und die Anna von Weling mit großer Aufmerksamkeit und im Gebet begleitete.

Werner Beyer hat im Archiv der Deutschen Evangelischen Allianz die vorhandenen Akten wunderbar geordnet und archiviert. Ihm gilt mein besonderer Dank. Ohne seine ungeheure Vorarbeit wäre dieses Buch nicht zustande gekommen. Er stand mir jederzeit mit seinem Wissen zur Seite.

Mein Anliegen war es, die Person Anna von Welings zu entdecken. Ich fand eine Frau mit Eigensinn. Dieses Wort hat für mich eine ganz positive Bedeutung. Vielleicht würde man heute eher von einem gesunden Selbstbewusstsein sprechen. Doch dieses Wort hätte Anna von Weling wahrscheinlich verworfen. Sie war ganz und gar eine Persönlichkeit mit Profil. Was sie im Sinn hatte, das führte sie durch, aber eben nicht aus egoistischen Motiven, sondern weil sie ihr Leben ganz dem Dienst Gottes verschrieben hatte. Dafür war sie bereit, ungewöhnliche Wege zu gehen. In all ihrer Geradlinigkeit war es nicht immer leicht, an ihrer Seite zu arbeiten. Das soll nicht verschwiegen werden. Doch viel größer ist der Segen, den Gott durch sie geschenkt hat. Im Evangelischen Allianzhaus in Bad Blankenburg kann man noch heute die Spuren ihres Lebens finden.

Vielleicht habe ich Sie neugierig gemacht und Sie besuchen einmal dieses schöne Haus. Es ist mittlerweile vollkommen modernisiert und saniert. Mit ebenso viel Glaubensmut wie damals Anna von Weling hat die Deutsche Evangelische Allianz dort in den letzten Jahren investiert. Noch immer treffen sich jährlich einige Tausend Menschen zur Allianzkonferenz, um im Glauben zu wachsen. Noch immer finden Menschen hier Erholung und neue Impulse für ihren Glauben. Nur Kinder wohnen hier nicht mehr. Aber das kann man spüren: Gottes Segen geht weiter!

Im Frühjahr 2013,
Margitta Rosenbaum

Lebenslauf

1837   Am 21. März wird Anna Thekla von Weling in Neuwied/Rhein geboren. Taufe am 22. April in der lutherischen Kirche.

1841   Am 7. August stirbt Annas Vater, Ferdinand Josef von Weling.

1842   Sarah und Anna von Weling gehen nach einem Schottland-Aufenthalt an den Fürstenhof zu Wied in Neuwied.

1850   Im handgeschriebenen Gedichtbuch von Anna von Weling finden sich erste Verse.

1857   Die Mutter geht nach Schweden, Anna lebt im Fürstenschloss in Neuwied.

1858   Tief greifende Lebenswende unter der Predigt von Reginald Radcliffe.

1860   Sarah und Anna von Weling ziehen nach Bonn um. Anna nimmt die Zwillinge Heinrich und Friedrich Zeising auf.

1868   Professor Theodor Christlieb kommt nach Bonn.

1870   Pflegedienst im Lazarett in Bonn.

1871   Annas Mutter Sarah von Weling stirbt. Anna besucht zum ersten Mal Branderoda/Anhalt.

1873   In Branderoda wütet eine Diphtherie-Epidemie.

1875   Anna gründet in Branderoda eine „Kleinkinderschule".

1882   Einweihung des Anbaus der Kleinkinderschule Branderoda.

1885   Anna erhält ein Ultimatum, Branderoda zu verlassen. Sie zieht nach Weißenfels um.

1886   Es kommt zum Kauf der Villa Greifenstein in Blankenburg. Vom 13. bis 15. September findet hier die erste Konferenz in Blankenburg statt.

1889   Das Konferenzhaus in Blankenburg wird eingeweiht.

1890   Gustav Kaiser kommt nach Blankenburg. In der Folge entsteht das Evangelische Allianzblatt, die Thüringer-Wald-Mission wird von Anna und Gustav Kaiser gegründet.

1893   Das „Heim" für die Kinder wird eingeweiht. Studienrat Kersten wird im selben Jahr als Leiter der Heimschule angestellt.

1894   Gustav Kaiser verlässt Blankenburg. Andere Evangelisten werden an seiner statt angestellt.

1898   Einweihung der Allianzhalle.

1900   Anna stirbt am 21. Mai mit 63 Jahren in Blankenburg.

Verwendete Literatur

Ein Leib sind wir in Christus: 100 Jahre Evang. Allianzwerk Bad Blankenburg 1886-1986, Auftraggeber: Evang. Allianz in der DDR, hrsg. v. Evang.-Kirchl. Gnadauer Gemeinschaftswerk in der DDR, Redaktion: Werner Beyer und Johannes Dressler, Union Verlag, Berlin 1986

Werner Beyer (Hrsg.), *Einheit in der Vielfalt: aus 150 Jahre Evangelischer Allianz,* R. Brockhaus Verlag, Wuppertal und Zürich 1995